LE CATALOGUE SE DISTRIBUE A L'ÉTRANGER,

Chez MM. Dominique COLNAGHI et Cie, à *Londres*.
        SMITH, Lile-Street,   dito.
        François BUFFA et fils, à *Amsterdam*.
        GRUYPTER,   dito.
        R. WEIGEL, à *Leipsick*.
        ARTARIA et FONTAINE, à *Mannhein*.

Les Antiquités, Médailles, etc., seront vendues les lundi 24 et les trois jours suivants. L'ordre numérique sera suivi en commençant la première vacation par le n. 1er.

Les Tableaux, Dessins, Estampes et Livres seront vendus les vendredi 28 février et samedi 1er mars.

L'ordre de vacation sera délivré peu de jours avant la vente.

Il sera perçu cinq pour cent en sus des enchères.

AVANT - PROPOS.

Avant de passer à la description des objets qui composent le cabinet de feu M. NARCISSE REVIL, dont les arts ont à déplorer la perte et qui laissera un long souvenir chez les antiquaires; en témoignant de nos regrets, nous qu'il a honorés de sa confiance, nous dirons qu'il était du petit nombre de ces amateurs qui professent un culte religieux pour tout ce qui est beau, et auxquels aucune partie dans les beaux-arts n'est étrangère. Plus de quarante années de sa vie ont été consacrées à la profession de ce culte, et il avait acquis des connaissances pratiques auxquelles on se plaisait à rendre hommage, ainsi qu'à l'impartialité qu'il mettait dans les jugements qu'il était souvent appelé à prononcer.

Les diverses collections que M. REVIL a rassemblées sont la meilleure preuve de son amour pour les arts et de l'entraînement qu'il cause; à deux fois différentes il vendit (en 1830 et 1838) les collections d'estampes qu'il avait formées et dans lesquelles il puisait les connaissances qui conduisent au goût des tableaux et des dessins, pour satisfaire à un penchant plus dispendieux, celui des médailles et pierres gravées dont on trouvera un choix remarquable dans son cabinet. Par le même motif, en 1842, il se défit de sa collection de dessins anciens de grands maîtres, dont cependant il se réserva l'admirable choix que nous présentons ici, et malgré son vif amour pour les antiquités, il ne pouvait résister au plaisir que lui procurait la possession d'une belle estampe ; aussi d'acquisition en acquisition, reforma-t-il la collection laissée à sa mort et qui est encore une superbe réunion des productions les plus remarquables des graveurs anciens et modernes les plus célèbres.

Nous osons espérer que la faveur avec laquelle ont été accueillies les diverses ventes dont il a bien voulu nous charger, faveur que nous croyons pouvoir attribuer à la loyauté qui y a toujours présidé, nous sera continuée, d'autant plus que nous ne pensons pas qu'un plus bel assemblage de haute curiosité soit de sitôt offert aux amateurs. Nous pensons leur être agréables en leur présentant l'aperçu des plus belles pièces.

MÉDAILLES, ETC.

M. REVIL avait acquis avec le plus grand discernement un certain nombre de médailles qui non seulement se recommandent par leur belle conservation et leur style, mais qui devait encore servir à établir ou à rectifier des attributions numismatiques, que son tact lui avait dictées.

Parmi les rares, nous indiquerons seulement dans les consulaires la famille Atia. Impériales en or : les douze césars, Chrispine, Pertinax, Didia Clara, Magnia Urbica et Julien, tyran. Impériales en argent : Brutus, Agrippa, Julie, fille d'Auguste, Drusus Junior, Plotiné, Marciane, Matidie, Dide-Julien, Pescenius Niger, Postume à deux têtes, et Vetranion. Parmi les grecques d'or : Tarente, Jupiter assis ; Syracuse, Hercule étouffant le lion ; Athènes, les cinq doubles Statères ; les médaillons des rois d'Egypte, et les deux rois de la Bactriane. Grecques en argent : le médaillon de Naxus, le grand de Panorme et les deux de Syracuse, la médaille de Tyra ; la deuxième province de Macédoine, Philippe V, roi de Macédoine, Pyrrhus avec la tête d'Achille et le même avec la

tête de Jupiter; Smyrne, Homère assis, Seleucus Ier avec la tête
casquée, Antiochus IV, tête de Jupiter, Tryphon, Cleopatra et
Antiochus VIII, Antiochus XI, Antiochus XI et Philippe. Ces
deux derniers médaillons sont uniques et d'une parfaite conservation.

PIERRES GRAVÉES.

En disant qu'elles proviennent en grande partie du cabinet de
feu M. le baron Roger, c'est en faire le plus bel éloge.

TABLEAUX

Par Hobbema, Murillo, Parmesan, N. Poussin, Demarne, Mal-
let, D. Wilkie et Roqueplan.

DESSINS.

Ecole italienne. André del Sarte, Corrége, Dominiquin, Guer-
chin, Léonard de Vinci, Ligozzi, Michel-Ange, Perin del Vage,
Raphaël, etc.

Ecole des Pays-Bas. Berghem, Cuyp, G. Dow, Dujardin, Du
Sart, Hoogstraeten, Van Eeckout, F. Mieris, G. Netscher, Os-
tade, P. Potter, Rembrandt, Rubens, Ruisdaël, Van de Velde et
Wouvermans.

Ecole française. David, Boissieu, Claude le Lorrain, Nanteuil,
N. Poussin, Prud'hon, etc.

Tous les dessins des maîtres ci-désignés proviennent des cabinets les plus célèbres, tels que *Crozat, Mariette, Neyman, Ploos
Van Amstell, Tonneman, Desfriches, Morel de Vindé, de Claussin, Golle, Langlier,* etc.

ESTAMPES A L'EAU FORTE ET AU BURIN.

Par Bervic, Bolswert, Carrache, Desnoyers, Drevet, Albert
Durer, Duvet, Van Dyck, G. Edelinck, Forster, Claude le Lor-

rain, Leroux, Lucas de Leyde, Marc-Antoine, vingt-quatre de ses plus belles pièces; A. Masson, M. Mercury, C. de Moor, Morghen, Morin, Jean et Frédéric Muller, Nanteuil, des nielles des orfèvres florentins, Pesne, Rembrandt, quatorze pièces, dont le bourgmestre Six. Deuxième état : Martin Schongauer, Strange, Wierx, Volpato, Vorsterman, Waterloo, Wille, Woollett, etc. Les estampes de ces différents graveurs sont toutes en premières épreuves pour celles des anciens maîtres, et avant la lettre pour celles des maîtres modernes et proviennent des cabinets *Mariette, Denon, Robert Duménil, de Claussin* et autres grands amateurs.

Quelques ouvrages sur les antiquités, médailles, catalogues de vente d'objets d'arts, tableaux, dessins, estampes, etc.

DESCRIPTION

DES

MÉDAILLES GRECQUES ET ROMAINES,

DU CABINET DE FEU M. REVIL.

CONSULAIRES EN ARGENT.

1. ACCOLEIA. — Type connu.
2. ATIA. — Q. LABIENVS, PARTHICVS. IMP. Tête nue de Labienus.
   R. Sans légende; cheval sellé et bridé.
3. CAECILIA. — Tête de femme devant Cigogne.
   R. IMPER. *Lituus* et *proefericulum.*
4. CASSIA. — Tête de jeune homme à droite, derrière un sceptre.
   R. Q. CASSIVS. Aigle entre le *lituus* et le *proefericulum.*
5. — Q. CASSIVS. VEST. Tête voilée de Vesta.
   R. Temple rond entre un diota et AC.
6. — Q. CASSIVS. LIBERT. Tête de la Liberté.
   R. Temple comme dans la précédente.
7. — L. CASSIVS. LEIBERTAS. Tête de la Liberté.
   R. LENTVLVS. SPINT. *Proefericulum* et *Lituus.*
8. — Autre semblable, excepté que la tête est voilée.
9. CORNELIA. — CN. BLASIO. CN. F. Tête casquée de Scipion l'Africain, derrière un caducée.
   R. ROMA. Jupiter debout tenant la foudre et un sceptre, entre Junon et Pallas.
10. — Autre, même tête casquée.
    R. Incuse.

11. EGNATIA. — MAXSVMVS. Tête de Vénus à droite.

R. L. EGNATIVS. CN. F. CN. N. Deux figures debout.

12. HOSIDIA. — GETA. III. VIR. Tête de Diane.

R. C. HOSIDI. C. F. Sanglier percé d'une flèche.

13. IVLIA. — CAESAR. Eléphant.

R. Instruments de sacrifice.

14. — Tête de Vénus.

R. CAESAR. DIVI. F. Figure militaire debout, tenant une haste transversale.

15. JUNIA. — Tête de la Liberté.

R. BRVTVS. Brutus entre deux licteurs, précédé d'un messager.

16. — BRVTVS. Tête de Brutus l'Ancien.

R. AHALA. Tête d'Ahala.

17. LIVINEIA. — L. REGVLVS. P. R. Tête de Régulus.

R. REGVLVS. PRAEF. VR. Chaise curule entre deux faisceaux.

18. LVCRETIA. — Tête de Neptune; derrière, trident et le chiffre XX.

R. L. LVCRETI. TRIO. Amour sur un dauphin.

19. MANLIA. — Tête de Sibylle.

R. L. TORQVAT. III. VIR. Trépied.

20. MARCIA. — LIBO. Tête de Rome.

R. Q. C. MARC. ROMA. Dioscures à cheval.

21. — ANCVS. Tête diadémée, derrière le lituus.

R. PHILIPPVS. Statue équestre sur un aqueduc, entre les arches AQVA. MARC.

22. MEMMIA. — C. MEMMI. C. F. Tête de Cérès.

R. C. MEMMIVS. IMPERATOR. Captif un genou en terre; au-dessus, trophée.

23. NAEVIA. — Tête de Vénus; derrière, S. C.

R. C. NAE. BALB. Victoire dans un trige, au-dessus LXXXXIII.

24. PEDANIA. — COSTA. LEG. Tête laurée de femme.

R. BRVTVS. IMP. Trophée.

25. PLAETORIA. — Tête de jeune homme à droite.
 R. M. PLAETORI. CEST. EX. S. C. Caducée ailé.

26. — Tête de femme à droite; derrière, I.
 R. Même légende; *proefericulum*; à côté une torche allumée.

27. — Tête de femme à droite.
 R. M. PLAETORI.... S. C. Buste jeune, de face, sur une base, sur laquelle est écrit : SORS.

28. — MONETA. S. C. Tête de Junon.
 R. L. PLAETORI. L. F. Q. S. C. Athlète courant, tenant une palme et une bandelette, à ses pieds un diota.

29. PLAVTIA. — L. PLAVTIVS. Tête du soleil de face.
 R. PLANCVS. L'Aurore conduisant quatre chevaux.

30. POMPEIA.—Q. POMP. RVFI. RVFVS. COS. Tête du consul Rufus.
 R. SYLLA. COS. Tête du dictateur Sylla.

31. SATRIENA. — Tête jeune et casquée de Mars; derrière, VII.
 R. P. SATRIENVS. Loup marchant à gauche; au-dessus, ROMA.

32. SCRIBONIA.— PAVLLVS. LEPIDVS. CONCORD. Tête voilée de la Concorde.
 R. PVTEAL. SCRIBON. LIBO. Autel orné de deux lyres et de guirlandes.

33. SILIA. — ROMA. Buste casqué de Rome.
 R. P. NERVA. L'enceinte des comices.

34. VOCONIA. — Tête laurée de Jules-César.
 R. Q. VOCONIVS. VITVLVS. DESIGN. S. C. Veau.

35. INCERTAINE. — Médaillon didrachme : tête imberbe, comme celle de Janus.
 R. ROMA. En lettres incuses, Jupiter foudroyant dans un quadrige; la Victoire conduisant les chevaux.

MÉDAILLES IMPÉRIALES D'OR.

30 — **36. JULIVS CAESAR.** — CAESAR. DICT. PERP. PONT. MAX. Sa tête laurée à droite.

R. C. CAESAR. COS. PONT. AVG. Tête nue d'Auguste.

260 — **37. MARCVS. ANTONIVS.** — M. ANTONIVS. IMP. III. VIR. R. P. C. Tête nue, derrière le *lituus.*

R. PIETAS. COS. Femme debout, tenant une lanterne et une corne d'abondance.

50 — **38. AVGVSTVS.** — Sans légende, tête laurée à droite.

R. CAESAR. AVGVSTVS. Deux branches de laurier.

70 — **39.** — Tête nue à gauche.

R. CAESAR. DIVI. F. Quadrige.

76 — **40.** — CAESAR. Buste lauré d'Auguste, à gauche.

R. AVGVSTVS. Bœuf marchant à droite.

36 — **41.** — **TIBERIVS.** — TI. CAESAR. DIVI. AVG. F. AVGVSTVS. Tête laurée.

R. PONTIF. MAXIM. Femme assise.

60 — **42. DRVSVS** senior. — NERO. GLAVDIVS. DRVSVS. GERMANICVS. IMP. Tête laurée.

R. DE. GERMANIS. Trophée.

120 — **43. ANTONIA.** — ANTONIA. AVGVSTA. Tête laurée à droite.

R. SACERDOS. DIVI. AVGVSTI. Deux torches debout.

300 — **44. CALIGVLA.** — C. CAESAR. AVG. PONT. M. TR. POT. III. COS. III. Tête laurée de Caligula.

R. GERMANICVS. CAES. P. C. CAES. AVG. GERM. Tête nue de Germanicus.

99 — **45. CLAVDIVS.** — TI. CLAVD. CAESAR. AVG. GERM. TRIB. Tête laurée de Claude.

R. AGRIPPINAE. Tête d'Agrippine couronnée d'épis.

45 — **46. NERO.** — NERO. CAESAR. Tête laurée à droite.

R. AVGVSTVS. GERMANICVS. L'empereur debout, vu de face, la tête radiée, tenant une Victoire et une palme.

47. **GALBA.** — IMP. SER. GALB. CAESAR. AVG. Tête laurée.

R. SALVS. GEN. HVMANI. Femme debout sacrifiant.

48. **OTHO.** — IMP. OTHO. CAESAR. AVG. TR. P. Tête nue.

R. SECVRITAS. P. R. Femme debout, tenant la haste et une couronne.

49. **VITELLIVS.** — A. VITELLIVS. GERM. IMP. AVG. TR. P. Tête laurée.

R. CONCORDIA P. R. Femme assise.

50. **VESPASIANVS.** — IMP. CAESAR. VESPASIANVS AVG. Tête laurée.

R. PON. MAX. TR. P. COS. VI. Victoire sur un cippe entre deux serpents.

51. **TITVS.** — IMP. TITVS. CAES. VESPASIAN. AVG. P. M. Tête laurée. (Derrière la contremarque de Modène.)

R. TR. P. IX. IMP. XV. COS. VIII. P. P. Éléphant.

52. **DOMITIANVS.** — DOMITIANVS. AVGVSTVS. Tête laurée.

R. GERMANICVS. COS. XVII. L'empereur dans un quadrige.

53. — Même légende et même tête.

R. GERMANICVS. COS. XV. Minerve combattant, debout sur une proue de vaisseau.

54. **NERVA.** — IMP. NERVA. CAES. AVG. P. M. TR. POT. Tête laurée.

R. COS. III. PATER. PATRIAE. Vases de sacrifice.

55. **TRAJANVS.** — IMP. CAES. NER. TRAIAN. OPTIM. AVG. GERM. DAC. Buste lauré de Trajan.

R. PARTHICO. P. M. TR. P. COS. VI. P. P. S. P. Q. R. Tête radiée du Soleil.

56. — IMP. TRAIANVS. AVG. GERM. DAC. P. M. TR. P. COS. VI. P. P. Buste lauré de Trajan.

R. FORVM. TRAIAN. Superbe édifice orné de figures.

57. **HADRIANVS.** — HADRIANUS. AVGVSTVS. Tête laurée.

R. COS. III. Le Soleil dans un quadrige.

58. SABINA. — SABINA. AVGVSTA. Tête de Sabine, ornée du diadème.

    R. VESTA. Vesta assise.

59. AELIVS Caesar. — L. AELIVS. CAESAR. Tête nue à droite.

    R. PIETAS. TRIB. POT. COS. II. Femme debout, sacrifiant.

60. ANTONINVS PIVS. — IMP. T. AEL. CAES. HADRI. ANTONINVS. Tête nue à gauche.

    R. AVG. PIVS. TR. P. COS. DES. II. Femme debout, sacrifiant.

61. — ANTONINVS. AVG. PIVS. P. P. Tête laurée à droite.

    R. COS. III. L'empereur et ses deux enfants dans un char triomphal.

62 — Même légende : tête nue à droite.

    R. TR. POT. COS. IIII. Rome assise.

63. — ANTONINVS. AVG. PIVS. P. P. TR. P. XXII. Tête laurée.

    R. VOTA. SVSCEPTA. DEC. III. COS. IIII. L'empereur debout, sacrifiant.

64. FAVSTINA senior. — DIVA. FAVSTINA. Tête de Faustine à droite.

    R. AVGVSTA. Cérès debout, tenant deux flambeaux.

65. MARCVS-AVRELIVS. — AVRELIVS. CAESAR. AVG. PII. F. Tête nue.

    R. TR. P. III. COS. II. Femme debout, tenant des épis.

66. — M. ANTONINVS. AVG. TR. P. XXVI. Tête laurée.

    R. IMP. VI. COS. III. L'empereur debout, couronné par la Victoire.

67. FAVSTINA junior. — FAVSTINA. AVG. PII. AVG. FIL. Sa tête à gauche.

    R. CONCORDIA. Colombe.

68. — Même légende et même tête à droite.

    R. Même type.

69. **LVCIVS VERVS.** — L. VERVS. AVG. ARM. PARTH. MAX. Tête laurée.

R. TR. P. VIII. IMP. V. COS. III. Femme assise, tenant des balances et une corne d'abondance.

70. **LVCILLA.** — LVCILLAE. AVG. ANTONINI. AVG. F. Tête de Lucilla.

R. VOTA. PVBLICA. Dans une couronne.

71. **COMMODVS.** — L. AVREL. COMMODVS. AVG. Tête laurée.

R. TR. P. IIII. IMP. III. COS. II. P. P. Mars portant un trophée.

72. **CRISPINA.** — CRISPINA. AVGVSTA. Tête de Crispine à droite.

R. CERES. Cérès assise, tenant des épis.

73. **PERTINAX.** — IMP. CAES. HELV. PERTIN. AVG. Tête laurée.

R. AEQVIT. AVG. TR. P. COS. II. Femme debout, tenant des balances et une corne d'abondance.

74. **DIDIA CLARA.** — DIDIA. CLARA. AVG. Tête de Didia Clara.

R. HILAR TEMPOR. Femme debout, tenant une palme et une corne d'abondance.

75. **SEPTIMIUS SEVERUS.** — L. SEPT. SEV. PERT. AVG. IMP. VIII. Tête laurée.

R. FORTUNAE REDUCI. Femme assise, tenant un gouvernail et une corne d'abondance.

76. **SEPTIMIVS SEVERVS ET CARACALLA.** — IMPP. INVICTI. PII. AVGG. Têtes accolées et laurées de Septime Sévère et de Caracalla.

R. VICTORIA. PARTHICA MAXIMA. Victoire marchant à gauche.

77. **JULIA DOMNA.** — IVLIA. AVGVSTA. Tête de Julia Domna.

R. PIETAS. AVG. Femme debout, sacrifiant.

78. **CARACALLA.** — ANTONINVS. PIVS. AVG. Tête laurée.

R. PONTIF. TR. P. VIII. COS. II. Guerrier casqué, nu, debout, tenant la haste.

— 79. ELAGABALVS.— IMP. CAES. M. AVR. ANTONINVS. AVG. Tête laurée.

R. FIDES EXERCITVS. Femme assise entre deux enseignes militaires.

— 80. SEVERVS ALEXANDER. — IMP. ALEXANDER. PIVS. AVG. Tête laurée.

R. P. M. TR. P. XIII. COS. III. P. P. Le Soleil debout.

— 81. GORDIANVS III. — IMP. GORDIANVS. PIVS. FEL. AVG. Tête laurée.

R. P. M. TR. P. IIII. COS. II. P. P. Femme assise, tenant un rameau.

— 82. TRAJANUS DECIVS.— IMP. C. M. Q. TRAIANVS. DECIVS. AVG. Tête laurée.

R. ADVENTVS. AVG. L'empereur à cheval.

— 83. MAGNIA VRBICA. — MAGNIA. VRBICA. AVG. Tête de Magnia Urbica.

R. VENERI VICTRICI. Vénus debout.

— 84. JULIANUS TYRANNVS. — IMP. C. IVLIANVS. P. F. AVG. Tête laurée.

R. LIBERTAS PVBLICA. La Liberté debout dans le champ : Etoile.

— 85. DIOCLETIANVS. — DIOCLETIANVS. P. P. AVG. Tête laurée.

R. VIRTVS MILITVM. Castre prétorienne; à l'exergue, P. R.

— 86. CONSTANTINUS MAGNVS. — CONSTANTINVS. P. P. AVG. Tête laurée.

R. VBIQUE VICTOR. L'empereur debout entre deux captifs; à l'exergue, P. T. R.

— 87. JVLIANVS II. — F. CL. IVLIANVS. P. P. AVG. Tête diadémée et barbue.

R. VIRTVS. EXERCITVS ROMANORVM. L'empereur debout,
la main droite posée sur un captif ; à l'exergue,
ANT.

MÉDAILLES IMPÉRIALES D'ARGENT.

88. CNEIVS POMPEIUS.—MAGNVS. PIVS. Tête de Cneius
Pompée.

R. Neptune debout, tenant l'acrostolium, le pied
droit sur une proue, entre Anapius et Amphi-
nomus.

89. JVLIVS CAESAR. — Tête laurée de Jules César.

R. L. FLAMINIVS. III. VIR. Femme debout, tenant un
caducée et la haste.

90. JVBA. — REX. IVBA. Tête de Juba Ier.

R. Inscription numidique, temple octostyle.

91. MARCVS JVNIVS BRVTVS. — BRVTVS. IMP. L.
PLAET, CEST. Tête nue de Brutus.

R. EID. MAR. Bonnet de la Liberté entre deux poi-
gnards.

92. MARCVS AEMILIVS LEPIDVS. — LEPIDVS, PONT,
MAX. Tête nue de Lépide.

R. C. CAESAR. IMP. III. VIR. R. P. C. Tête nue d'Octave.

93. MARCVS ANTONIVS. — M. ANT. IMP. AVG. III. VIR.
R. P. C. M. BARBAT. Q. P. Tête nue de M. Antoine.

R. CAESAR. IMP. PONT. III. VIR. R. P. C. Tête nue
d'Octave.

94. CLEOPATRA. — Tête diadémée de Cléopâtre.

R. ANTONI. ARMENIA. DEVICTA. Tête nue de Marc Antoine.

95. AVGVSTVS. — Tête laurée d'Auguste.

R. Boucliers et lances entre Caius et Lucius debout.

96. — Tête nue d'Auguste.

    R. CIVIB. ET. SIGN. MILIT. A. PART. RESTITUT. Arc de triomphe, dessus un quadrige.

97. M. AGRIPPA.— M. AGRIPPA. PLATORINVS. III. VIR. Tête nue d'Agrippa.

    R. CAESAR. AVGVSTVS. Tête nue d'Auguste.

98. JVLIA.— C. (MARI.) VS. TRO. III. VIR. Tête de Julie, fille d'Auguste, avec les attributs de Diane.

    R. AVGVSTVS. Tête nue d'Auguste; derrière, *simpulum*.

99. TIBERIVS. Sa tête.

    R. PONT. MAXIM. Femme assise.

100. DRVSVS junior. — DRVSVS. CAES. TI. AVG. COS. II. TR. P. Tête nue de Drusus junior.

    R. TI. CAES. AVG. P. M. TR. P. XXXV. Tête laurée de Tibère.

101. ANTONIA. — ANTONIA. AVGVSTA. Tête laurée d'Antonia.

    R. CONSTANTIAE. AVGVSTI. Femme debout.

102. GERMANICVS. — GERMAN. P. CAES. AVG. GERM. Tête nue de Germanicus.

    R. C. CAESAR. AVG. GERM. P. M. TR. POT. Tête laurée de Caligula.

103. AGRIPPINA senior. — AGRIPPINA. MAT. C. CAES. AVG. GERM. Tête d'Agrippine.

    R. C. CAESAR. AVG. GERM. P. M. TR. POT. Tête laurée de Caligula.

104. CALIGVLA. — C. CAESAR. AVG. GERM. P. M. TR. POT. COS. Tête nue de Caligula.

    R. Sans légende. Tête radiée d'Auguste entre deux étoiles.

105. AGRIPPINA junior. — AGRIPPINAE. AVGVSTAE. Tête d'Agrippine couronnée d'épis.

    R. TI. CLAVD. CAESAR. AVG. GERM. P. M. TRIB. POT. P. P. Tête laurée de Claude.

106. NERO. — NERO. CLAVD. CAES. DRVSVS. GERM. PRINC. JVVENT. Tête jeune de Néron.
R. Même légende et même tête que la précédente.

107. — IMP. NERO. CAESAR. AVG. P. P. Tête laurée de Néron.
R. JVPITER. CVSTOS. Jupiter assis.

108. CLODIVS MACER (Coin de Béker). — L. CLODIVS MACER. S. C. Tête nue de Clodius Macer.
R. PROPRAE. AFRI [CAE]. Galère avec des rameurs. Cette médaille fausse a été frappée sur une médaille antique fourrée; on pourra s'en convaincre en examinant les bords, sur lesquels il reste encore quelques lettres qui n'ont pu être effacées par le nouveau coin.

109. GALBA. — IMP. SER. GALBA. AVG. Tête nue de Galba.
R. S. P. Q. R. ob. c. s. dans une couronne.

110. OTHO. — IMP. M. OTHO. CAESAR. AVG. TR. P. Tête nue d'Othon.
R. SECVRITAS. P. R. Femme debout.

111. VITELLIVS. — R. CONSENSVS. EXERCITVVM. Mars passant.

112. Autre. R. XV. VIR. SACR. FAC. Trépied.

113. VESPASIANVS. R. SALVS. AVG. Femme assise tenant une patère.

114. TITVS. — R. JOVIS. CVSTOS. Jupiter nu, debout, vu de face.

115. JVLIA. TITI. F. — JVLIA. AVGVSTA. TITI. AVGVSTI. F. Tête de Julie.
R. VENVS. AVGVST. Vénus victorieuse debout, appuyée sur une colonne.

116. DOMITIANVS. — R. IMP. XXII. COS. XVI. CENS. P. P. P. Pallas debout tenant un foudre de la main droite et la haste de la gauche.

117. R. IMP. XIIII. COS. XIII. CENS. P. P. P. Victoire assise (quinaire).

100—118. DOMITIA. — DOMITIA.AVGVSTA. IMP. DOMIT. Tête de Domitia.

R. CONCORDIA. AVGVST. Paon.

119. NERVA. — R. SALVS PVBLICA. Femme assise.

120. PLOTINA. — PLOTINA. AVG. IMP. TRAIANI. Tête de Plotine.

R. CAES. AVG. GERM..... Vesta assise.

121. MARCIANA. — DIVA. AVGVSTA. MARCIANA. Tête de Marciane.

R. CONSECRATIO. Aigle éployé.

122. MATIDIA. — MATIDIA. AVG. DIVAE. MARCIANAE. F. Tête de Matidie.

R. PIETAS. AVGVST. Femme debout entre deux enfants.

123. HADRIANVS. — R. COS. III. Figure imberbe nue assise sur des armes.

124. AELIVS Caesar. — R. PIETAS. TR. POT. COS. II. Figure debout, sacrifiant.

125. PERTINAX. — IMP. CAES. P. HELV. PERTIN. AVG. Tête laurée de Pertinax.

R. DIS. CVSTODIBVS. La Fortune debout.

126. DIDIVS JVLIANVS. — IMP. CAES. M. DID. IVLIAN. AVG. Tête laurée de Dide Julien.

R. CONCORD. MILIT. Femme debout tenant deux enseignes militaires.

127. PESCENNIVS NIGER. — IMP. CAES. C. PESC. NIGER. IVS. Tête laurée de Pescennius Niger.

R. FORTVNAE. RED. La Fortune assise.

128. CLODIVS ALBINUS. — R. FIDES. LEGION. COS. II. Deux mains jointes tenant une enseigne militaire.

129. SEPTIMIVS SEVERUS. — SEVERVS. PIVS. AVG. Tête laurée de Septime Sévère.

R. AETERNITAS. IMPERI. Têtes affrontées de Caracalla laurée et de Geta nue.

130. PLAVTILLA. — *R.* venvs. victrix. Venus debout.

131. DIADVMENIANUS. — m. opel. ant. diadvmenian. caes. Tête nue de Diaduménien.

R. princ. ivventvtis. L'empereur debout et trois enseignes militaires.

132. JVLIA PAVLA. — *R.* concordia. Femme assise dans le champ, une étoile.

133. AQUILIA SEVERA. — *R.* concordia. Femme debout, sacrifiant.

134. ORBIANA. — *R.* concordia. avg. Femme assise.

135. MAMAEA. — *R.* felicitas. pvblica. Femme debout, appuyée sur une colonne, et tenant un caducée.

136. PAVLINA. — diva. pavlina. Tête voilée de Pauline.

R. consecratio. L'impératrice enlevée sur un paon.

137. MAXIMVS. — *R.* pietas. avg. Instruments de sacrifice.

138. GORDIANVS AFRIC. Pater. — imp. m. ant. gordianus. afr. avg. Tête laurée de Gordien père.

R. secvritas. avgg. Femme assise.

139. GORDIANVS AFRIC. Filius. — imp. m. ant. gordianvs. afr. avg. Tête laurée de Gordien fils.

R. victoria. avgg. Victoire passant.

140. GORDIANVS. PIVS. — m. ant. gordianvs. cáes. Tête nue de Gordien III.

R. pietas. avg. Instruments de sacrifice.

141. MARINIANA. — *R.* consecratio. Paon.

142. GALLIENVS. — *R.* leg. iii. ital. vi. p. vi. f. Cigogne.

143. Restitution. antoninvs. pivs. Tête radiée d'Antonin le Pieux.

R. consecratio. Aigle éployé.

144. POSTUMUS. — *R.* pacator. orbis. Tête radiée du Soleil.

145. — POSTVMVS. PIVS. FELIX. AVG. Têtes accolées et laurées de Postume et d'Hercule.

R. HERCVLI. INVICTO. Hercule debout, le pied sur l'amazone Antiope, et lui arrachant sa ceinture.

146. CONSTANTINVS I. — R. VIRTVS. MILITVM. Castre prétorienne.

147. VETRANIO. — DN. VETRANIO. P. F. AVG. Tête laurée de Vétranion.

R. VICTORIA. AVGVSTORVM. Victoire passant, tenant une palme et un trophée ; à l'exergue, SIS.

MÉDAILLONS DE BRONZE DU HAUT EMPIRE.

MYTILENE. Lesbi.

148. HADRIANVS. — AVTOKPA. TRAIANOC. ADPIANOC. CEBA. Tête laurée d'Hadrien, à droite.

R. MITIAHNAION. Diane debout, vue de face, la tête tournée à droite, tenant dans ses deux mains un long flambeau. (Module 11.)

SMIRNA. Ionie.

149. ANTINOUS. — ANTINOOC. HPOC. Tête d'Antinoüs.

R. ΠΟΛΕΜΩΝ. ΑΝΕΘΗΚΕ. CMYPNAIOC. Bœuf, à droite, sur le flanc duquel est un croissant. (Module 11.)

ROMULA. Betique.

150. COL. ROM. PERM. DIVI. AVG. Tête radiée d'Auguste.

R. IVLIA. (AVGVSTA.) GENETRIX. ORBIS. Tête de Livie.

PERINTHUS. Thrace.

151. CARACALLA. — AVT. K. M. AVR. CEOVHR. ANTΩNINOC. AVΓ.

R. ΠEPINΘIΩN. NEOKOPΩN. Galère à la voile avec des rameurs. (Module 10.)

GRAND BRONZE,

152. DRVSVS senior. — R. TI. CLAVDIVS. CAESAR. AVG. P. M. TR. P. IMP. S. C. Drusus assis sur une chaise curule.

153. AGRIPPINA senior. — R. S. P. Q. R. MEMORIAE. AGRIPPINAE. Carpentum traîné par deux mules.

154. CALIGVLA. — R. ADLOCVT. COH. Type d'allocution. Conservation commune.

155. CLAVDIVS. — R. SPES. AVGVSTA. S. C. Femme debout.

156. VESPASIANVS. — R. ROMA. S. C. Rome debout, tenant une Victoire et la haste.

157. HADRIANUS. — R. COS. III. S. C. Neptune debout, le pied gauche posé sur une proue de vaisseau.

158. SABINA. — R. PIETAS. S. C. Femme voilée, assise, tenant une patère.

159. M. AVRELIVS. — R. TR. P. XVIII. IMP. II. COS. III. S. C. Mars debout.

160. FAVSTINA junior. — R. IVNONI. REGINAE. S. C. Junon debout.

161. DIDIA CLARA. — R. HIL. (AR.) (TE.) MPOR. S. C. Femme debout, tenant une longue palme.

162. GETA. — R. PONTIF. TR. P. II. COS. II. S. C. Deux figures debout, sacrifiant; au milieu un joueur de flûte.

MOYEN BRONZE.

163. CNEIVS POMPEIVS. — ΓN. ΠΟΜΠΗΙΟC. Tête nue de Pompée.

R. ΠΟΜΠΗΙΟΠΟΛΕΙΤΩΝ. ΘΚC (an 229). Femme voilée et tourrelée, assise; à ses pieds un fleuve.

164. TIBERIVS. — Tête laurée de Tibère.

R. Les têtes en regard de Julie et de Drusus, fils de Tibère, frappé à Tarraco.

165. GAL. ANTONINVS. — M. ΓΑΛΕΡΙΟCΑΝΤΩΝΕΙΝΟC. ΑΥΤΟΚΡΑΤΟΡΟC. ΑΝΤΩΝΕΙΝΟΥ. ΥΙΟC. Tête nue de Galère Antonin.

R. ΘΕΑ ΦΑΥCΤΕΙΝΑ. Tête de Faustine mère.

166. DIDIVS JVLIANVS. — *R.* P. M. TR. P. COS. S. C. La Fortune debout.

167. BALBINVS. — *R.* IOVI. CONSERVATORI. S. C. La Fortune debout.

168. DIOCLETIANVS. — *R.* PAX. AVG. Femme debout.

169. MAXENTIVS. — AETERNITAS. AVG. N. exergue MOSTA. Les Dioscures à pied, tenant leurs chevaux par la bride ; entre eux Remus et Romulus allaités par la louve.

170. VETRANIO. — *R.* HOC. SIGNO. VICTOR. ERIS. Victoire couronnant l'empereur.

PETIT BRONZE.

171. Casque. — *R.* S. C. Chouette.

172. Tête imberbe casquée.

R. S. C. Femme debout, tenant des balances.

173. Buste de Minerve. — *R.* s. c. Chouette.

174. Tête de Mars. — *R.* s. c. Cuirasse.

175. Tête jeune posée sur une colonne.

R. A. P. P. F. dans une couronne de laurier.

176. Tête voilée d'un enfant.

R. s. c. dans une couronne de laurier.

177. Tête tourrelée de femme.

R. ROMA. Cavalier en course.

178. Tête jeune casquée. — R. ROMA. Chien courant (quinaire).

179. KYZIKOC. Tête diadémée de Cizicus.

R. KYZIKHNΩN. Capricorne.

180. Jonie Ephese. Têtes des trois triumvirs. — R. Diane d'Ephèse.

181. Augustus. — R. Aigle.

182. Livia. Sa tête.

R. Temple (Achaïe Corinthe).

TESSÈRES.

183. Livia. Sa tête couronnée d'épis.

R. La marque VI dans une couronne.

184. Claudius. Sa tête dans une couronne de lauriers, devant le *lituus*.

R. La marque XIIII dans une couronne.

SPINTRIENNE.

185. Sujet obscène. — R. La marque XI dans une couronne.

186. Germanicus de Nicomédie, Bithynie.

187. Agrippina senior de Aezani, Phrygie.

188. Caligula. Sa tête laurée.

R. ROM. ET AVG. Autel de Lyon, inédite.

189. Autre, sans sa tête.

190. Claudius, Sardes. Lydie.

191. Autre, sans sa tête.

31
192. Néron. — *R*. Rome assise.
193. Autre. — *R*. Table de jeu.
194. Vespasianus. Palmier.
    R. Instruments de sacrifice.

28
195. Titus. Sa tête casquée.
    R. s. c. dans une couronne.
196. JULIE, fille de Tite. — Smyrne.
    Quatre Domitianus.

51
197. Corne d'abondance.
198. Corbeille d'épis.
199. Trépied.
200. Corbeau sur une branche d'olivier.

22
201. Domitia, de Smyrne, très fruste.
202. Nerva. Modius.
    R. Caducée.
203. Trajan. Table de jeu.

38
204. Plotine et Marciane. — Têtes en regard.
    R. Tête de Trajan devant un capricorne en contre-
        marque.

50
205. Hadrien. — Sa tête.
    R. Trois enseignes militaires.
206.   *R*. MET. NOR. dans une couronne.
207.   *R*. L. KA. (an 21). Modius sur lequel est un qua-
        drige.

19
208. Antoninus Pius. — *R*. Aigle, paon et chouette.
209.   *R*. Cérès debout.
210. M. Aurelius. · *R*. Victoire debout.
211. Faustina junior. — *R*. Paon. (Type de l'argent.)

20
212. Lucius Verus. — *R*. Mercure debout. Prusias ad
        hypium Bithyniae.
213. Commodus. — Tête de Commode.
    R. L'empereur près d'un trophée.
214. Geta. — *R*. Temple octostyle (de Perinthe).

215. Gordien III, de Cysique.

R. Torche ardente debout, entortillée d'un serpent.

216. Trajan-Déce. — R. Mars debout. s. c.

217. Mariniana. — En billon.

218. Postume. — En billon.

219. Laelianus. — R. Victoire passant.

220. Victorinus junior. — R. Femme debout tenant
des balances.

221. Marius. — R. Victoire passant.

222. Tetricus senior. — R. Femme debout.

223. Macrianus junior. — R. Jupiter assis, billon.

224. Quietus. — R. Le soleil debout, billon.

225. Claudius Gothicus. — R. Aigle éployé.

226. Tacitus. — R. L'Espérance debout.

227. Probus. — R. Mars debout (cos. II), du côté du
buste.

228. Buste de Probus sur son bouclier, votis X et XX.
R. Deux figures debout se donnant la main.

229. Carus et Carinus. — Les têtes de Carus et Carinus
accolées.

R. Pax aug. La paix debout.

230. Carinus. — R. Femme debout tenant deux enseignes
militaires.

231. Magnia Urbica. — R. Vénus debout.

232. Nigrinianus. — R. Consecratio, aigle éployé.

233. Julianus tyrannus. — IMP. M. AVR. IVLIANVS. P.
F. AVG. Tête radiée.

R. VICTORIA AVG. Victoire marchant.

234. Maximianus Hercules. — R. PLVR. NATAL. FEL.
Dans une couronne (quinaire).

235. Carausius. — R. Provid. aug. Femme debout.

236. Allectus. R. Pax aug. Femme debout.

237. Constantius Ier et Diocletianus. — CONSTANTIVS
NOB. C. Tête laurée.

R. DIOCLETIANVS AVG. Tête laurée (quinaire).

238. Gal. Maximianus.— *R.* PRINC. IVVENT. Figure debout entre deux enseignes militaires (quinaire).

239. Severus. — *R.* Génie debout.

240. Licinius senior. — *R.* Jupiter debout.

241. Licinius junior. — *R.* Jupiter debout.

242. Martinianus. — *R.* Jupiter debout.

243. Constantinus Magnus. — *R.* Victoire portant un trophée.

244. Fausta. — *R.* Femme voilée debout, tenant deux enfants.

245. Crispus. — *R.* Votis XX sur un autel.

246. Autre buste de Crispus. — *R.* Vot. X dans une couronne.

247. Constantius II. — *R.* Castre prétorienne.

MÉDAILLES GRECQUES EN OR.

TARENTUM.

248. ΤΑΡΑΝΤΙΝΩΝ. Tête de femme diadémée, à droite; derrière, E.

R. ΤΑΡΑΣ. Taras sur un dauphin, tenant un dauphin et un trident. AV. 3.

249. Tête de femme diadémée et voilée, à droite.

R. Neptune assis, tenant un trident, devant lui un petit enfant qui lui tend les bras, dans le champ. T et astre. AV. 4.

BRUTTIUM.

250. Tête de Neptune diadémée, à gauche; derrière, trident.

R. ΒΡΕΤΤΙΩΝ. Femme voilée, assise sur un hippocampe, devant un petit Amour, lançant un trait. AV. 4.

PANORMUS.

6 6 – 251. Tête de Cérès, couronnée d'épis, avec collier et boucles d'oreilles.

R. Cheval debout, devant trois points. AV. 4.

SYRACUSAE.

252. Tête de Jupiter laurée, à gauche.

R. ΣΥΡΑΚΟΣΙ(ΩΝ). Pégase volant, à gauche; dessous, trois points. AV. 2.

253. Tête de Proserpine à gauche, cheveux dans un *reticulum* orné d'étoiles.

R. Hercule un genou en terre, étouffant le lion. AV. 3.

TAVPOMENIUM.

254. Tête d'Apollon laurée, à gauche, derrière une abeille.

R. ΤΑΥΡΟΜΕΝΙΤΑΝ. Trépied. AV. 1 1/2.

AGATHOCLES.

255. Tête de Pallas, casquée, à droite.

R. ΑΓΑΘΟΚΛΕΟΣ. ΒΑΣΙΛΕΩΣ. Foudre ailée. AV. 4.

HICETAS.

256. ΣΥΡΑΚΟΣΙΩΝ. Tête de Cérès couronnée d'épis, derrière une corne d'abondance.

R. ΕΠΙ. ΙΚΕΤΑ. Victoire dans un bige; dessous un épi, dessus un astre. AV. 4.

HIERO II.

257. Tête de Cérès couronnée d'épis, à gauche; derrière une corne d'abondance.

R. ΙΕΡΩΝΟΣ. Figure dans un bige, allant à gauche. AV. 4.

ROI DE THRACE.

LYSIMACHUS.

258. Tête de Lysimaque, à droite, diadémée et cornue.

R. ΒΑΣΙΛΕΩΣ. ΛΥΣΙΜΑΚΟΥ. Pallas assise, à gauche. AV. 4.

ROIS DE MACÉDOINE.

PHILIPPUS II.

259. Tête d'Apollon laurée, à droite.
R. ΦΙΛΙΠΠΟΥ. Figure dans un bige, à droite. AV. 4.

ALEXANDER III. Double statère.

260. Tête de Pallas, à droite, casque orné d'un serpent.
R. ΑΛΕΞΑΝΔΡΟΥ. Victoire debout, tenant une couronne et un trident; dans le champ un foudre. AV. 5.

261. Même tête. Statère.
R. ΑΛΕΞΑΝΔΡΟΥ. Victoire debout, tenant une couronne et un trident. AV. 4.

262. Autre. La Victoire tient une couronne et une palme. AV. 4.

263. Demi-statère provenant du cabinet Allier. Tête de Pallas, à droite.
R. ΑΛΕΞΑΝΔΡΟΥ. Victoire tenant une couronne et un trident. (Unique.) AV. 3.

ATHENAE.

264. Tête de Pallas à droite.
R. ΑΘΕ. Chouette à droite; derrière, branche de laurier, devant un symbole de forme cylindrique. AV. 3.

265. Obole bracteate. Chouette. AV. 2.
Trouvée dans un tombeau à Athènes.

DOVBLES STATERES. En electrum.

266. Tête diadémée à gauche; dessous, poisson.
R. Aire en creux, divisée en quatre parties. AV. 4.

267. Tête de femme diadémée, à gauche; dessous, poisson.
R. Aire en creux, divisée en quatre parties. AV. 4.

268. Lion marchant à gauche; dessous, poisson.
R. Aire en creux, divisée en quatre. AV. 4.

269. Victoire assise, à gauche, tenant l'*acrostolium*; dessous, poisson.

    R. Aire en creux, divisée en quatre parties. AV. 4.

270. Hercule enfant, à genoux, étouffant les serpents; son frère, Iphiclès, qui est derrière, semble vouloir fuir; dessous, poisson.

    R. Carré creux, divisé en quatre parties. AV. 4.

INCERTAINES. En electrum.

271. Hercule, un genou en terre, tenant un arc et la massue; derrière un thon.

    R. Aire en creux, divisée en quatre. AV. 2.

272. Tête de faune, couronnée de lierre, à gauche.

    R. Carré creux, divisé en quatre. AV. 2.

273. Tête d'Omphale, couverte de la peau du lion; derrière, massue; dessous, phoque.

    R. Carré creux, divisé en quatre. AV. 2.

274. Tête casquée et barbue, à gauche; dessous, phoque.

    R. Carré creux, informe. AV. 2.

275. Tête de la Sibylle d'Erythrae.

    R. Torche allumée, au milieu d'un carré. AV. 2.

276. Tête de Pallas casquée, à droite.

    R. Chouette dans un carré. AV. 2.

277. Tête de Mercure, couverte du pétase.

    R. Léopard dans un carré (Smyrne). AV. 2.

278. Tête de Pallas casquée, à droite.

    R. Deux têtes casquées, l'une dans l'autre. AV. 2.

279. Tête de Cérès voilée, à droite.

    R. Trépied avec des bandelettes. AV. 2.

280. Tête de Cérès couronnée d'épis.

    R. Bœuf cornupète dans un carré. AV. 2.

281. Tête d'Apollon laurée, à droite.

    R. Lyre dans un carré. AV. 2.

282. Tête d'Apollon laurée, à droite.

    R. Tête de Sapho dans un carré. AV. 2.

PERSE. Darique.

283. Roi de Perse, un genou en terre, tenant un arc et un javelot.

R. Carré creux. AV. 3.

AEGYPTE.

284. PTOLÉMÉE Iᵉʳ. Soter. Tête diadémée, à droite, de Soter.

R. ΠΤΟΛΕΜΑΙΟΥ. ΒΑΣΙΛΕΩΣ. Aigle sur un foudre; dans le champ, bouclier et monogramme. AV. 6.

BÉRÉNICE. Soteris uxor.

285. Tête voilée et diadémée de Bérénice, à droite.

R. ΒΕΡΕΝΙΚΗΣ. ΒΑΣΙΛΙΣΣΗΣ. Corne d'abondance. AV. 1 1/2.

SOTER, BÉRÉNICE, PHILADELPHUS ET ARSINOÉ.

286. ΘΕΩΝ. Têtes accolées et diadémées de Ptolémée, Soter et Bérénice.

R. ΑΔΕΛΦΩΝ. Têtes accolées et diadémées de Ptolémée, Philadelphe et d'Arsinoé, derrière un bouclier. AV. 7.

ARSINOE Philadelphi uxor.

287. Tête diadémée et voilée d'Arsinoé, à droite; derrière, Ξ.

R. ΑΡΣΙΝΟΗΣ. ΦΙΛΑΔΕΛΦΟΥ. Double corne d'abondance nouée avec le diadème. AV. 7.

PTOLEMAEVS III. Attribué par Mionnet à Ptolémée VIII.

288. Tête de Ptolémée III, ceinte d'un diadème radié, un trident sur l'épaule.

R. ΠΤΟΛΕΜΑΙΟΥ. ΒΑΣΙΛΕΩΣ. Corne d'abondance ornée du diadème et radiée; dans le champ, ΛΙ. AV. 6.

ROIS DE LA BACTRIANE.

MOKADPHISES.

289. ΜΟΚΑΔΦΙϹΗϹ. ΒΑϹΙΛΕΥϹ. ΟΟΗ. Buste de Mokadphi-
ses, la tête coiffée d'une tiare diadémée ; il tient
de la main droite une massue.

R. Légende bactrienne, le dieu Indien *Siva* nu , debout, appuyé sur la haste ; dans le champ deux
symboles. AV. 5.

KANERKES.

290. Légende grecque en caractères barbares ; buste de
Kanerkes coiffé d'une tiare ornée de perles et
attachée sous le cou ; il tient une espèce de sceptre
de la main droite, et une lance sur l'épaule
gauche.

R. ΑΡΔΟΧΡΟ. Femme debout, tenant une corne
d'abondance. AV. 5.

MÉDAILLES GRECQUES EN ARGENT.

MASSILLIA.

291. Tête de Flore à droite, couronnée de fleurs.
R. ΜΑΣΣΑ. Lion à droite. AR. 3.

NEAPOLIS.

292. Tête de femme, à gauche diadémée ; derrière un masque scénique.

R. ΝΕΟΠΟΛΙΤΩΝ. Bœuf à face humaine couronnée
par la Victoire ; dessous, BI. AR. 4.

SUESSA.

293. Tête d'Apollon laurée, à droite ; derrière la *triquetra.*
R. SVESANO. Cavalier conduisant deux chevaux.
AR. 6.

TARENTUM.

294. Cavalier en course, armé de deux lances et d'un bouclier, et lançant un javelot ; dessous, API.

R. ΤΑΡΑΣ. Taras sur un dauphin, tenant un gouvernail et un diota. AR. 5.

295. Cavalier ; devant une figure virile nue, debout, semble
retenir le cheval ; derrière le cavalier, ΓΥ; dessous
le cheval, ΑΡΙΣΤΙΓ.

R. ΤΑΡΑΣ. Taras tient un arc et une flèche ; dessous,
éléphant. AR. 5.

METAPONTUM.

296. Tête de Cérès, couronnée d'épis.

R. META. Épi ; sur la feuille, Diane, Lucifère. AR. 5.

THURIUM.

297. Tête de Pallas ; sur le casque, Scylla.

R. ΘΟΥΡΙΩΝ. Taureau cornupète ; dessous, poisson. AR. 5.

VELIA.

298. Tête de Pallas ; casque orné d'un griffon.

R. ΥΕΛΗΤΩΝ. Lion déchirant un cerf. AR. 5.

299. Tête de Pallas de face, casque ailé sur lequel on lit :
ΚΛΕΥΔΩΡΟΥ.

R. ΥΕΛΗΤΩΝ. Lion dévorant une proie. AR. 5.

BRVTTIVM.

300. Bustes des Dioscures couronnés de laurier ; au dessus
deux étoiles ; derrière, Γ, et corne d'abondance.

R. ΒΡΕΤΤΙΩΝ. Les Dioscures à cheval, tenant chacun une palme ; au dessus d'eux, deux étoiles ;
dans le champ, Γ. AR. 5.

CROTON.

301. Tête de Junon *Lacinia,* de face, ceinte d'un diadème
orné de fleurs.

R. KPOTΩNIATAN. Hercule nu, assis sur la dépouille du lion, tenant le *cantharum* et sa massue. AR. 5.

AGRIGENTUM.

— 302. AKPA. Deux aigles posés sur un lièvre, derrière une mouche.

R. Figure conduisant un quadrige; au dessus une Victoire, dessous un serpent. AR. 8.

HIMERA.

—303. Figure conduisant un bige; au dessus, Victoire.

R. Femme debout sacrifiant sur un autel, derrière un satyre recevant l'eau d'une fontaine. AR. 8.

ZANCLES.

—304. DANKVE. Dauphin à gauche, et un croissant.

R. Aire en creux divisée en plusieurs parties; au centre, pétoncle. AR. 2.

NAXUS.

—305. Tête de Bacchus barbue, ceinte d'un diadème orné de lierre.

R. NAΞION. Silène assis à terre près d'un cep de vigne, tenant le *diota* et un thyrse. AR. 8.

PANORMUS.

— 306. Tête de Proserpine, à gauche, couronnée de roseaux, au milieu de quatre poissons; devant, pétoncle.

R. Buste de cheval; derrière, palmier; dessous, inscription phénicienne. AR. 8.

307. Même tête sans le pétoncle.

R. Cheval au galop près d'un palmier. AR. 8.

308. Cheval au galop allant à droite, une Victoire le couronne.

R. Palmier. AR. 6.

309. Tête de Cérès couronnée d'épis, à gauche, avec pendants d'oreilles.

> R. Inscription phénicienne. Pégase volant à gauche.
> AR. 12.

SYRACUSAE.

310. ΣΥΡΑΚΟΣΙΟΝ. Tête de Proserpine avec diadème de perles, au milieu de quatre poissons.

> R. Figure conduisant un bige; au dessus, Victoire.
> AR. 6.

311. Autre presque semblable, la coiffure un peu variée.
> AR. 6.

312. Tête de Proserpine, couronnée de roseaux, au milieu de trois poissons; dessous, NK.
ΣΥΡΑΚΟΣΙΩΝ. Figure conduisant un quadrige à gauche; au dessus la *triquetra*. AR. 6.

313 Tête de Proserpine couronnée de roseaux, les cheveux pendant sur le cou; derrière une mouche.
ΣΥΡΑΚΟΣΙΩΝ. Victoire conduisant un quadrige; au dessus, astre. AR. 6.

314. ΣΥΡΑΚΟΣΙΩΝ. Tête de Proserpine couronnée de roseaux, avec pendants d'oreilles et collier de perles; autour de la tête, quatre poissons; derrière, pétoncle.

> R. Figure conduisant un quadrige, la Victoire vole au devant et la couronne; dessous des armes.
> AR. 10.

315. Même tête; dessous, ΕΥΑΙΝΕ.
> R. Même type. AR. 10.

TAUROMENIUM.

316. Tête d'Apollon laurée, à droite; derrière un astre.
> R. ΤΑΥΡΟΜΕΝΙΤΑΝ. Trépied; à gauche, monogramme. AR. 3.

ROIS DE SICILE.

GELO.

— 317. Tête de Gélon diadémée, à gauche.

R. ΣΥΡΑΚΟΣΙΟΙ. ΓΕΛΩΝΟΣ. Victoire conduisant un bige; à droite, dans le champ, BA.K. AR. 5.

AGATHOCLES.

318. Tête de Cérès couronnée d'épis; derrière, KOPAΣ.

R. ΑΓΑΘΟΚΛΕΙΟΣ. Victoire érigeant un trophée. AR. 7.

PHILISTIS.

319. Tête de Philistis diadémée et voilée; à gauche, derrière, astre.

R. ΒΑΣΙΛΙΣΣΑΣ. ΦΙΛΙΣΤΙΔΟΣ. Victoire conduisant un quadrige; à droite, au dessus, astre. AR. 8.

SARMATIE EUROPÉENNE.

TYRA.

— 320. Tête de Cérès de face, couronnée d'épis et voilée.

R. TYPANON. Taureau à gauche, un genou en terre; A entre les jambes de derrière. Inédite. AR. 4.

THASUS. Ile de Thrace.

321. Satyre un genou en terre, tenant une femme; dans le champ Θ.

R. Aire en creux. AR. 5.

LYSIMACHUS, roi de Thrace.

322. Tête d'Hercule, couverte de la peau de lion.

R. ΒΑΣΙΛΕΩΣ. ΛΥΣΙΜΑΧΟΥ. Jupiter AEtophore assis; devant, partie antérieure de lion. Très rare dans ce module. AR. 8.

§ 1 — 323. Tête de Lysimaque diadémée et cornue, à droite.
R. Même légende. Pallas assise, le coude appuyé sur un bouclier. AR. 8.

AUDOLEON, roi de Pœonie.

345 — 324. Tête jeune, casquée, de face ; casque à trois aigrettes.
R. ΑΥΔΟΛΕΟΝΤΟΣ. Cheval marchant, à droite ; dessous un caducée. AR. 6.

OSSA. Bisaltarum.

§ 5 — 325. Cavalier debout, coiffé du chapeau macédonien, tenant deux javelots ; derrière lui, casque.
R. ΟΣΣΕΩΜ. Dans un carré creux. AR.

LETE. Macédoine.

50 — 326. Centaure agenouillé, tenant une femme dans ses bras.
R. Carré creux informe. AR. 5.

PREMIÈRE PROVINCE DE MACÉDOINE.

42 — 327. Tête de Diane sur le bouclier macédonien.
R. ΜΑΚΕΔΟΝΩΝ. ΠΡΟΤΗΣ. Massue dans une couronne de chêne. AR. 9.

DEUXIÈME PROVINCE.

140 328. Tête de Diane, sur le bouclier macédonien.
R. ΜΑΚΕΔΟΝΩΝ. ΔΕΥΤΕΡΑΣ. Massue dans une couronne de chêne. AR. 9.

ACANTHUS.

203 329. Lion dévorant un taureau, dessous un poisson.
R. ΑΚΑΝΘΙΟΝ. Dans un carré creux, autour d'un autre carré en relief, divisé en quatre. AR. 8.

AMPHIPOLIS.

180 330. Tête d'Apollon de face, couronnée de lauriers. (La couronne a été retouchée au burin.)

R. AMΦIΠOΛITEΩN. Écrit sur les bords relevés d'un carré creux, au milieu duquel est une torche allumée. AR. 7.

MINDE.

331. Ane marchant à droite; *cum veretro erecto;* au dessus un corbeau.

Aire en creux, divisée en cinq parties. AR. 6.

ROIS DE MACÉDOINE.

PHILIPPUS II.

332. Tête de Jupiter couronnée de laurier, à droite.

R. ΦIΛIΠΠOY. Figure virile à cheval, tenant une palme, la tête ceinte d'une bandelette, dont les bouts flottent derrière; sous le cheval, astre. AR. 6.

ALEXANDER III. Didrachme (rare).

333. Tête d'Hercule couverte d'une peau de lion.

R. AΛEΞANΔPOY. Jupiter Aetophore assis. AR. 5.

334. Tête d'Alexandre, couverte d'une peau d'éléphant à droite.

R. AΛEΞANΔPOY. Jupiter Aetophore assis, à gauche ; dans le champ, Pégase. Inédite. AR. 8.

PHILIPPUS ARIDŒUS.

335. Tête d'Hercule couverte de la peau de lion.

R. ΦIΛIΠΠOY. Jupiter Aetophore assis AR. 7.

ANTIGONUS, rex Asiae.

336. Tête de Neptune barbue, à droite, ceinte d'une couronne formée d'une plante inconnue.

R Apollon nu, assis sur une proue de vaisseau, sur laquelle on lit : BAΣIΛEΩΣ ANTIΓONOY. AR. 9.

DEMETRIUS I.

337. Tête de Démétrius diadémée et cornue, à droite.

R. ΒΑΣΙΛΕΩΣ. ΔΗΜΗΤΡΙΟΥ. Neptune nu, debout, appuyé sur son trident, et un pied posé sur un rocher. AR. 9.

PHILIPPUS V.

338. Tête de Philippe, avec une barbe naissante, ceinte d'un diadème.

R. ΒΑΣΙΛΕΩΣ. ΦΙΛΙΠΠΟΥ. Pallas, marchant à gauche, lance la foudre de la main droite, et tient un bouclier de la gauche. AR. 9.

339. Tête casquée de Philippe V, avec barbe naissante, au milieu d'un bouclier macédonien.

R. ΒΑΣΙΛΕΩΣ. ΦΙΛΙΠΠΟΥ. Massue au milieu d'une couronne de chêne. AR. 9.

PERSEUS.

340. Tête de Persée, avec barbe naissante, ceinte d'un diadème.

R. ΒΑΣΙΛΕΩΣ. ΠΕΡΣΕΟΣ. Aigle éployé sur un foudre, au milieu d'une couronne de chêne. AR. 9.

LARISSA, THESSALIE.

341. Homme nu, domptant un taureau, courant à gauche.

R. ΛΑΡΙΣΑΙΑ. Cheval libre en course, à droite, dans un carré creux. AR. 4.

342. Tête de femme, vue de face, les cheveux épars.

R. (ΛΑΡΙΣ)ΑΙΩΝ. Cheval paissant, à droite. AR. 5.

ROIS D'EPIRE.

ALEXANDER I. Fragment d'environ un tiers d'un médaillon.

343. Profil de la tête d'Alexandre.

R. ΑΛΕΞΑΝΔΡΟΥ. Aigle et partie du foudre.

PYRRHUS.

344. Tête d'Achille, à gauche, avec un casque orné du griffon; dessous, A.

R. ΒΑΣΙΛΕΩΣ. ΠΥΡΡΟΥ. Thétis, assise sur un hippocampe, tenant le bouclier d'Achille. AR. 6.

345. Tête de Jupiter couronnée de chêne; derrière, foudre.

R. ΒΑΣΙΛΕΩΣ. ΠΥΡΡΟΥ. Femme assise, à gauche, la tête tourrelée, tenant de la main droite la haste, et soulevant de la gauche une draperie posée sur ses épaules; au bas, A. AR. 9.

ALEXANDER II?

346. Tête d'Alexandre cornue, diadémée et couverte d'une peau d'éléphant, à droite.

R. ΑΛΕΞΑΝΔΡΟΥ. Pallas combattant; à ses pieds un aigle, dans le champ un casque. AR. 8.

THYRREUM, ACARNANIE.

347. ΜΕΝΑΝΔΡΟΣ. Tête imberbe, virile, à droite, avec des cornes et un cou de bœuf.

R. ΘΥΡΡΗΩΝ. Apollon assis, à gauche, tenant son arc. AR. 5.

LOCRI-OPUNTII.

348. Tête de femme couronnée d'épis, à gauche.

R. ΟΠΟΝΤΙΩΝ. Guerrier nu, casqué, combattant, à droite, armé d'un bouclier, dont l'intérieur est orné d'un griffon, et tenant de la main droite une épée courte. AR. 6.

DELPHI.

349. Tête de bélier, dessous un poisson.

R. ΔΑΛ. Tête de chèvre, de face, entre deux dauphins. AR. 2.

THEBAE.

350. Bouclier béotien.

R. Θ. Hercule, un genou en terre, à droite, tendant un arc ; le tout dans un carré creux. AR. 5.

ATHENAE.

351. Tête de Minerve casquée, à droite.
R. ΑΘΕ. ΘΕΜΙΣΤΟ. ΘΕΟΠΟΜΠΟΣ. ΜΕΝΟΙ. Chouette sur un diota ; dans le champ, trophée sur une proue de vaisseau, le tout dans une couronne d'olivier. AR. 8.

LACEDAEMON.

352. Tête barbue et diadémée d'Hercule.
R. ΛΑ. Diota entre les bonnets des Dioscures, dans une couronne de laurier. AR. 3.

HIERAPYTNA, CRÈTE.

353. Tête de Minerve casquée, à droite.
R. ΙΕΡΑΠΥ. ΖΗΝΟΦΙ. Chouette sur un diota, devant un aigle, le tout dans une couronne de laurier ; type d'Athènes. Inédite. AR. 8.

NAXVS. INSULA.

354. Diota orné de feuilles de lierre entre deux grappes de raisin.
R. Aire en creux divisée en quatre parties. AR. 5.

MITHRIDATES VI. EUPATOR.

355. Tête de Mithridate VI ceinte du diadème.
R. ΒΑΣΙΛΕΩΣ. ΜΙΘΡΑΔΑΤΟΥ. ΕΥΠΑΤΟΡΟΣ. Cerf paissant ; dans le champ, astre, croissant, deux monogrammes, et ΓΚΣ (an 223), le tout dans une couronne de lierre. AR. 8.

AMASTRIS, PAPHLAGONIE.

356. Tête virile imberbe, coiffée d'un bonnet phrygien, ornée d'une couronne de laurier et d'une étoile.

R. ΑΜΑΣΤΡΙΕΩΝ. La reine Amastris assise, tenant une Victoire sur la main droite et un sceptre de la gauche ; devant une rose. AR. 6.

NICOMÈDES II.

357. Tête diadémée de Nicomède II, à droite.

R. ΒΑΣΙΛΕΩΣ. ΕΠΙΦΑΝΟΥΣ. ΝΙΚΟΜΗΔΟΥ. Jupiter debout, tenant une couronne et la haste ; dans le champ, aigle sur un foudre. BOP (an 192). AR. 10.

CYZICUS, MYSIE.

358. ΣΩΤΕΡΑ... Tête de Proserpine couronnée d'épis.

R. ΚΥΖΙ. Tête de lion ; dessous, poisson ; derrière un vase. AR. 6.

PHILETAIRUS, roi de Pergame.

359. Tête d'un Philétaire couronnée de laurier.

R. ΦΙΛΕΤΑΙΡΟΥ. Pallas assise, la main droite posée sur un bouclier placé devant elle ; sur le siége, A. AR. 8.

ILIUM.

360. Tête de Minerve, ayant le casque, couronnée de laurier.

R. ΑΘΗΝΑΣ. ΙΛΙΑΔΟΣ, ΜΕΝΕΦΡΟΝΟΣ ΤΟΥ. ΜΕΝΕΦΡΟΝΟΣ. Minerve, Iliade, debout, la lance et le fuseau aux mains ; à ses pieds le Pégase. AR. 8.

CYME, AEOLIE.

361. Tête de femme diadémée, à droite.

R. ΚΥΜΑΙΩΝ. Cheval marchant à droite ; dessous, ΚΑΛΛΙΑΣ, le tout dans une couronne de laurier. AR. 10.

SMYRNA.

362. Tête laurée de l'amazone *Smyrna*.

R. ΣΜΥΡΝΑΙΩΝ. ΑΠΟΛΛΟΔΟΤΟΥ. Homère assis, tenant à la main un rouleau et un long sceptre. AR. 5.

COS, INSULA.

363. ΚΟΣ. Apollon nu devant un trépied. le corps penché en arrière, les mains sur sa tête dans une attitude d'inspiré.

R. Crabe dans un carré creux. AR. 5.

ROIS DE SYRIE.

SELEUCUS I.

364. Tête d'Hercule jeune, couverte de la peau du lion.

R. ΒΑΣΙΛΕΩΣ. ΣΕΛΕΥΚΟΥ. Jupiter *Aetophore* assis; dans le champ une tête de Minerve casquée. AR. 8.

365. Tête de Seleucus I casquée, à droite.

R. ΒΑΣΙΛΕΩΣ... ΛΕΥΚΟΥ. Victoire couronnant un trophée; dans le champ, AX. Ce Médaillon est très abîmé. AR. 8.

ANTIOCHUS I.

366. Tête diadémée d'Antiochus I.

R. ΒΑΣΙΛΕΩΣ. ΑΝΤΙΟΧΟΥ. Apollon assis sur la cortine, tenant un arc et une flèche. AR. 8.

367. Même tête à droite.

R. Même légende. Apollon, assis sur la cortine, tient un arc de la main droite et la main gauche posée sur la cortine; dessous, ΑΣΚ. Ascalon. AR. 9.

368. Même tête, à droite.

R. Même légende. Apollon assis, tenant trois

flèches de la main droite et un arc de la gauche ;
au bas, cheval paissant. AR. 8.

ANTIOCHUS II, DEUS.

369. Tête diadémée et ailée d'Antiochus II, à droite.
R. ΒΑΣΙΛΕΩΣ. ΑΝΤΙΟΧΟΥ. Apollon, assis sur la
cortine, tenant un arc et une flèche. AR. 9.

370. Tête d'Antiochus II, diadémée, à droite.
R. ΒΑΣΙΛΕΩΣ. ΑΝΤΙΟΧΟΥ. Hercule nu, assis sur
un rocher, la main droite posée sur sa massue.
AR. 8.

SELEUCUS II.

371. Tête diadémée de Seleucus, à droite.
R. ΒΑΣΙΛΕΩΣ. ΣΕΛΕΥΚΟΥ. Apollon nu, debout,
le coude gauche appuyé sur un trépied, et tenant
une flèche de la droite. AR. 9.

372. Tête diadémée de Seleucus II, à droite.
R. Même légende. Apollon assis sur la cortine, le
coude gauche appuyé sur un trépied, tenant de
la droite un arc, dessous un éléphant. AR. 9.

373. Tête laurée de Seleucus II.
R. Même légende. Apollon debout, tenant un arc et
un trait. AR. 4.

ANTIOCHUS. — HIERAX.

374 Tête diadémée d'Antiochus-*Hierax*, à droite.
R. ΒΑΣΙΛΕΩΣ. ΑΝΤΙΟΧΟΥ. Apollon nu, assis sur
la cortine, tenant un arc et une flèche. AR. 9.

SELEUCUS III.

375. Tête diadémée de Seleucus III.
R. ΒΑΣΙΛΕΩΣ. ΣΕΛΕΥΚΟΥ. Apollon assis sur la
cortine, tenant un arc et une flèche. AR. 8.

ANTIOCHUS III MAGNUS.

376. Tête diadémée d'Antiochus III, enfant.

R. ΒΑΣΙΛΕΩΣ. ΑΝΤΙΟΧΟΥ. Apollon assis , tenant un arc et une flèche; dans le champ, trépied. AR. 8.

130 — 377. Même tête, d'un âge plus avancé.
R. Même légende et même type, monogramme de Tyr. AR. 8.

151 — 378. Autre semblable, sans le monogramme de Tyr. AR. 8.

SELEUCUS IV.

30 — 379. Tête diadémée de Seleucus IV.
R. ΒΑΣΙΛΕΩΣ. ΣΕΛΕΥΚΟΥ. Apollon assis, tenant un arc et une flèche. AR. 8.

ANTIOCHUS IV.

305 — 380. Tête laurée de Jupiter, à droite.
R. ΒΑΣΙΛΕΩΣ. ΑΝΤΙΟΧΟΥ. ΘΕΟΥ. ΕΠΙΦΑΝΟΥΣ. ΝΙΚΗΦΟΡΟΥ. Jupiter *Nicéphore* assis , à gauche. AR. 10.

85 — 381. Tête diadémée d'Antiochus IV.
R. Semblable au précédent. AR. 8.

ANTIOCHUS V.

235 — 382. Tête diadémée d'Antiochus V.
R. ΒΑΣΙΛΕΩΣ. ΑΝΤΙΟΧΟΥ. ΕΥΠΑΤΟΡΟΣ. Jupiter *Nicéphore* assis, à gauche. AR. 9.

DEMETRIUS I, SOTER.

56 — 383. Tête diadémée de Demetrius I, Soter.
R. ΒΑΣΙΛΕΩΣ. ΔΗΜΗΤΡΙΟΥ. Apollon assis sur la cortine, tenant un arc et un trait. Type rare à ce roi. AR. 8.

145 — 384. Tête diadémée de Demetrius I, dans une couronne de laurier.
R. ΒΑΣΙΛΕΩΣ. ΔΗΜΗΤΡΙΟΥ. Femme assise, tenant un trait et une corne d'abondance.

65 — 385. Autre semblable; dans le champ, ΑΞΡ (an 161). AR. 8.

— 386. Autre; la tête au milieu d'une très forte couronne de laurier, et sans date au revers. AR. 8.

ALEXANDER I, BALA.

— 387. Tête diadémée d'Alexandre I, Bala.

R. ΒΑΣΙΛΕΩΣ. ΑΛΕΞΑΝΔΡΟΥ. ΘΕΟΠΑΤΟΡΟΥ. ΕΥΕΡΓΕΤΟΥ. Jupiter *Nicéphore* assis; au bas, ΓΞΡ (an 163). AR. 9.

—388. Tête diadémée d'Alexandre I, Bala.

R. ΒΑΣΙΛΕΩΣ. ΑΛΕΞΑΝΔΡΟΥ. Aigle avec une palme sur une proue de vaisseau ; dans le champ, monogramme de Tyr et la date ΔΞΡ (an 164). AR. 8.

DEMETRIUS II, NICATOR.

— 389. Tête jeune diadémée de Demetrius II.

R. ΒΑΣΙΛΕΩΣ. ΔΗΜΗΤΡΙΟΥ. ΘΕΟΥ. ΦΙΛΑΔΕΛΦΟΥ. ΝΙΚΑΤΟΡΟΣ. Apollon assis sur la cortine, tenant un arc et un trait; au bas la date ΠΞΡ (168.)

AR. 8.

390. Autre semblable avec ΣΙΔΩ. Sidon. AR. 8.
391. Tête barbue et diadémée de Demetrius II.

R. ΒΑΣΙΛΕΩΣ. ΔΗΜΗΤΡΙΟΥ. ΘΕΟΥ. ΝΙΚΑΤΟΡΟΣ. Jupiter *Nicéphore* assis ; dessous, ΕΠΡ (an 185,)

AR. 8.

ANTIOCHUS VI.

— 392. Tête radiée et diadémée d'Antiochus VI.

R. ΒΑΣΙΛΕΩΣ. ΑΝΤΙΟΧΟΥ. ΕΠΙΦΑΝΟΥΣ. ΔΙΟΝΥ-ΣΟΥ. Les Dioscures à cheval, dans le champ, ΣΤΑ. ΤΡΥ. et la date ΘΞΡ. 169, le tout dans une couronne de laurier. AR. 9.

TRYPHON.

393. Tête diadémée de Tryphon.

R. ΒΑΣΙΛΕΩΣ. ΤΡΥΦΩΝΟΣ. ΑΥΤΟΚΡΑΤΟΡΟΣ. Casque à mentonnières surmonté d'une corne, le tout au milieu d'une couronne de chêne. AR. 8.

Ce médaillon a un peu souffert et il manque un morceau du bord, sans altérer ni les légendes ni la tête.

ANTIOCHUS VII.

394 Tête diadémée d'Antiochus VII.

R. ΒΑΣΙΛΕΩΣ. ΑΝΤΙΟΧΟΥ. ΕΥΕΡΓΕΤΟΥ. Pallas debout tenant une Victoire de la main droite et la gauche posée sur un bouclier, à côté la haste; dans le champ, massue surmontée du monogramme de Tyr, entre ΙΕΡ. ΑΣΥ; à l'exergue, la date ΗΟΡ. (178.); le tout dans une couronne de laurier.

395. Tête diadémée d'Antiochus VII.

R. ΒΑΣΙΛΕΩΣ. ΑΝΤΙΟΧΟΥ. ΕΥΕΡΓΕΤΟΥ. Pallas Nicéphore debout; à l'exergue, la date ΓΠΡ. (153); le tout dans une couronne de laurier. AR. 8.

ALEXANDER II, ZEBINA.

396. Tête diadémée d'Alexandre II.

R. ΒΑΣΙΛΕΩΣ. ΑΛΕΞΑΝΔΡΟΥ. Jupiter *Nicéphore* assis à gauche. AR. 8.

CLEOPATRA et ANTIOCHUS VIII.

397. Têtes accolées de Cléopâtre et d'Antiochus VIII; son fils; l'une voilée, et toutes deux diadémées.

R. ΒΑΣΙΛΙΣΣΗΣ. ΚΛΕΟΠΑΤΡΑΣ. ΘΕΑΣ. ΚΑΙ. ΒΑΣΙΛΕΩΣ. ΑΝΤΙΟΧΟΥ. Jupiter *Nicéphore* assis à gauche. AR. 9.

ANTIOCHUS VIII.

398. Tête diadémée d'Antiochus VIII.

R. ΒΑΣΙΛΕΩΣ. ΑΝΤΙΟΧΟΥ. ΕΠΙΦΑΝΟΥΣ. Jupiter debout, ayant un croissant sur la tête, portant sur la main droite un astre. AR. 9.

399. Tête diadémée d'Antiochus VIII.

R. ΒΑΣΙΛΕΩΣ. ΑΝΤΙΟΧΟΥ. ΕΠΙΦΑΝΟΥΣ. Jupiter

Nicéphore assis à gauche, le tout au milieu d'une couronne de laurier. AR. 8.

ANTIOCHUS IX.

400. Tête légèrement barbue et diadémée d'Antiochus IX.
R. ΒΑΣΙΛΕΩΣ. ΑΝΤΙΟΧΟΥ. ΦΙΛΟΠΑΤΟΡΟΣ. Pallas *Nicéphore* debout, le tout dans une couronne de laurier. AR. 8.

401. Tête diadémée d'Antiochus IX, légèrement barbue.
R. ΒΑΣΙΛΕΩΣ. ΑΝΤΙΟΧΟΥ. Aigle sur un foudre; dans le champ, Δ et la date ʟ ΒΣ. 202. AR. 8.

402. Tête diadémée et imberbe d'Antiochus IX, d'un âge avancé.
R. ΒΑΣΙΛΕΩΣ. ΑΝΤΙΟΧΟΥ. ΦΙΛΟΠΑΤΟΡΟΣ. Jupiter *Nicéphore* assis à gauche, le tout au milieu d'une couronne de laurier. AR. 7.

SELEUCUS VI.

403. Tête diadémée de Seleucus VI.
R. ΒΑΣΙΛΕΩΣ. ΣΕΛΕΥΚΟΥ. ΕΠΙΦΑΝΟΥΣ. ΝΙΚΑΤΟΡΟΣ. Jupiter *Nicéphore* assis, le tout dans une couronne. AR. 8.

ANTIOCHUS X.

404. Tête diadémée d'Antiochus X.
R. ΒΑΣΙΛΕΩΣ. ΑΝΤΙΟΧΟΥ. ΕΥΣΕΒΟΥ. (ΦΙ)ΛΟΠΑΤΟ(ΡΟΥ). Jupiter Nicéphore assis, le tout dans une couronne. AR. 7.

ANTIOCHUS XI, EPIPHANES, PHILADELPHUS.

405. Tête diadémée d'Antiochus XI.
R. ΒΑΣΙΛΕΩ... ΑΝΤΙΟΧΟ... ΦΙΛΑΔΕΛΦ... Jupiter Nicéphore assis; le tout dans une couronne. AR. 7.

Ce médaillon est celui de M. Pons, à Aix, cité par Mionnet dans son Supplément, et le seul connu jusqu'à ce jour; l'autre, cité aussi dans le Supplément, est bien certainement de Gryphus, son père.

ANTIOCHUS XI et PHILIPPUS.

600   406. Têtes accolées et diadémées d'Antiochus XI et de Philippe son frère.

R. ΒΑΣΙΛΕΩΣ. ΑΝΤΙΟΧΟΥ. ΚΑΙ. ΒΑΣΙΛΕΩΣ. ΦΙΛΙΠΠΟΥ. Jupiter Nicéphore assis, à gauche; le tout dans une couronne de laurier. AR. 7.

Ce beau médaillon, d'un travail fin et d'une conservation parfaite, est unique, et de la plus grande rareté, le règne d'Antiochus XI n'ayant pas duré une année.

PHILIPPUS.

407. Tête diadémée de Philippus.

R. ΒΑΣΙΛΕΩΣ. ΦΙΛΙΠΠΟΥ. ΕΠΙΦΑΝΟΥΣ. ΦΙΛΑΔΕΛΦΟΥ. Jupiter Nicéphore assis. AR. 7.

DEMETRIUS III.

180   408. Tête diadémée de Demetrius III, avec une barbe naissante.

R. ΒΑΣΙΛΕΩΣ. ΔΗΜΗΤΡΙΟΥ. ΘΕΟΥ. ΦΙΛΟΠΑΤΟΡΟΣ. ΣΩΤΗΡΟΣ. Diane d'Éphèse, vue de face, la tête voilée et radiée; à l'exergue, ΔΚΣ. an 224. AR. 9.

TIGRANES.

220   409. Tête de Tigranes diadémée et coiffée d'une tiare, ornée de deux aigles et d'une étoile.

R. ΒΑΣΙΛΕΩΣ. ΤΙΓΡΑΝΟΥ. Femme tourrelée, assise sur un rocher; à ses pieds un fleuve; le tout dans une couronne. AR. 7.

ROI DE PERSE.

410. Roi coiffé de la tiare, dans un char conduit par un
jeune homme ; une autre figure suit le char à
pied ; dans le champ des caractères phéniciens.
R. Galère avec des rameurs. AR. 8.

ROI PARTHE.

ARSACES VII. PHRAATES II?

411. Tête barbue et diadémée de Phraates II.
R. ΒΑΣΙΛΕΩΣ. ΜΕΓΑΛΟΥ ΑΡΣΑΚΟΥ.. Jupiter-
Aetophore assis, à gauche ; à l'exergue la date ΓΟΡ.
173. AR. 4.

ROIS DE LA BACTRIANE ET DE L'INDE.

EUTHYDEMUS.

412. Tête diadémée d'Euthydème.
R. ΒΑΣΙΛΕΩΣ. ΕΥΘΥΔΗΜΟΥ. Hercule nu, assis
sur la peau de lion étendue sur un rocher, tenant
de la main droite sa massue posée sur le rocher.
AR. 8.

ANTIMACHUS.

413. ΒΑΣΙΛΕΩΣ. ΝΙΚΗΦΟΡΟΥ. ΑΝΤΙΜΑΧΟΥ. Victoire debout, tournée à gauche, tenant une palme et une
bandelette.
R. Légende en caractères bactriens ; le roi à cheval
allant au galop. AR. 4.

EUCRATIDES.

414. Tête diadémée d'Eucratide, avec la chlamyde sur les
épaules.
R. ΒΑΣΙΛΕΩΣ. ΕΥΚΡΑΤΙΔΟΥ. Apollon debout,
tenant un arc et une flèche. AR. 8.
415. Tête casquée d'Eucratide.

R. ΒΑΣΙΛΕΩΣ. ΜΕΓΑΛΟΥ. ΕΥΚΡΑΤΙΔΟΥ. Les Dioscures à cheval, allant au galop. AR. 5.

HELIOCLES.

416. Tête diadémée d'Heliocles, avec la chlamyde sur les épaules.

R. ΒΑΣΙΛΕΩΣ. ΗΛΙΟΚΛΕΟΥ. ΔΙΚΑΙΟΥ. Jupiter debout, vu de face, tenant un foudre et la haste; très rare de ce module. AR. 5.

MENANDER.

417. ΒΑΣΙΛΕΩΣ. ΣΩΤΗΡΟΣ. ΜΕΝΑΝΔΡΟΥ. Tête casquée de Ménandre, à droite, avec la chlamyde.

R. Légende bactrienne, Pallas debout, lançant la foudre. AR. 4.

418. Même légende. Tête diadémée, avec la chlamyde, à droite.

R. Légende bactrienne; même type de Pallas. AR. 4.

419. Même légende. Buste de Ménandre, la tête ceinte du diadème, lançant un javelot de la main droite, l'épaule gauche couverte de l'égide.

R. Même type que les précédents. AR. 4.

APOLLODOTUS.

420. ΒΑΣΙΛΕΩΣ. ΣΩΤΗΡΟΣ. ΦΙΛΟΠΑΤΟΡΟΣ. ΑΠΟΛΛΟΔΟΤΟΥ. Tête diadémée d'Apollodote, à droite, avec une chlamyde.

R. Légende bactrienne; Pallas combattant. AR. 4.

421. ΒΑΣΙΛΕΩΣ. ΑΠΟΛΛΟΔΟΤΟΥ. ΣΩΤΗΡΟΣ. Éléphant marchant, à droite, avec une ceinture de grelots.

R. Légende bactrienne; bœuf marchant, à droite; médaille carrée. AR. 3.

ANTIALCIDES.

422. Tête d'Antialcides, couverte du chapeau macédonien,

et la chlamyde sur les épaules ; au milieu, une couronne comme celle des rois de Syrie.

R. ΒΑΣΙΛΕΩΣ. ΝΙΚΗΦΟΡΟΥ. ΑΝΤΙΑΛΚΙΔΟΥ. Jupiter assis, vu de face, la tête radiée, tenant sur la main droite une victoire, et de la gauche un sceptre ; à ses pieds, partie antérieure d'éléphant. AR. 5.

Gravé, mais non décrite dans Mionnet.

BERENICE, Soteris uxor.

423. Tête de Bérénice, à droite, les cheveux tressés, formant une touffe par derrière.

R. ΒΕΡΕΝΙΚΗΣ. ΒΑΣΙΛΙΣΣΗΣ. En deux lignes ; au milieu, une massue ; dans le champ, un trident et le monogramme de Magas ; le tout dans une couronne de laurier. AR. 5.

PTOLEMAEUS V.

424. Buste de Ptolémée V, avec un diadème orné d'un épi, et la chlamyde sur les épaules.

R. ΠΤΟΛΕΜΑΙΟΥ. ΒΑΣΙΛΕΩΣ. Aigle sur un foudre ; dans le champ, A. AR. 7.

CLEOPATRA cum MARCO-ANTONIO.

425. ΒΑΣΙΛΙΣΣΑ. ΚΛΕΟΠΑΤΡΑ. ΘΕΑ. ΝΕΩΤΕΡΑ. Buste de Cléopâtre, à droite, la tête diadémée ; le cou et la poitrine ornés de rangs de perles.

R. ΑΝΤΩΝΙΟC (ΑΥΤΟΚΡΑΤΩΡ). ΤΡΙΤΟΝ. ΤΡΙΩΝ. ΑΝΔΡΩΝ. Tête nue de Marc-Antoine. AR. 7.

BARCE.

426. Tête de Jupiter-Ammon, à gauche ; derrière, deux feuilles de laurier.

R. ΛΙΒΥΣΤΡΑΤΟ. *Silphium*. AR. 7.

GRECQUES EN BRONZE.

427. APULIE, BARIUM. Tête de Jupiter.

> R. Amour sur une proue de vaisseau. AE. 5.

428. BRUTTIUM, LOCRI. Tête de Pallas.

> R. Femme assise, tenant une patère et une tête de pavot. AE. 7.

429. SYRACUSAE. ΔΙΟΣ. ΕΛΛΑΝΙΟΥ. Tête laurée de Jupiter *Hellenius*.

> R. ΣΥΡΑΚΟΣΙΩΝ. Aigle sur un foudre. AE. 6.

430. Autre. ΣΕΥΣ. ΕΛΕΥΘΕΡΙΟΣ. Tête de Jupiter laurée.

> R. ΣΥΡΑ. Cheval en course. AE. 7.

431. AGATHOCLES. ΣΩΤΕΙΡΑ. Tête de Diane; carquois derrière le dos.

> R. ΑΓΑΘΟΚΛΕΟΣ. ΒΑΣΙΛΕΩΣ. Foudre ailé. AE. 6.

432. HIERO II. Tête de Neptune diadémée.

> R. ΙΕΡΩΝΟΣ. Trident entre deux dauphins. AE. 5.

433. LIPARA. Figure virile assise, tenant le diota.

> R. ΛΙΠΑΡΑΙΩΝ. Dans le champ, six globules. AE. 4.

434. Incertaine. Hercule nu, combattant.

> R. Gerion, sous la forme de trois guerriers ne formant qu'un seul corps, combattant. AE. 3.

435. ATTIQUE, MEGARA. ΜΕΓΑΡΕΩΝ. Tête barbue et voilée du philosophe Euclide.

> R. Diane marchant, tenant un flambeau de chaque main. AE. 7.

436. CORINTHUS. Tête de la courtisane Laïs.

> R. COL. L. IVL. COR. Bellérophon monté sur Pégase, combattant la Chimère. AE. 5.

437. ITHACA, Insula. ΙΘΑ. Tête d'Ulysse couverte du pileus.

> R. Tête casquée de Pallas. AE. 4.

PAPHLAGONIA, AMASTRIS.

438. ΟΜΗΡΟC. Tête d'Homère ceinte d'une couronne.

R. ΑΜΑΣΤΡΙΑΝΩΝ. Fleuve assis à terre, tenant de la main droite une lyre; à l'exergue, ΜΕΛΗΣ. AE. 8.

LESBOS, MYTILENE.

439. Tête de Sapho, les cheveux renfermés dans un *reticulum*.

R. MYTI. Lyre. AE. 2.

440. Autre. ΘΕΟΦΑΝΗ. Tête nue de Théophane.

R. ΜΥΤΙΛΗΝΑΙΩΝ. Diane sur un cerf. AE. 4.

441. COS. Insula. ΣΕΝΟ... Tête nue et imberbe de Xénophon.

R. ΚΩΙΩΝ. Hygiée debout, donnant à manger à un serpent. AE. 4.

PHRYGIE, HIERAPOLIS.

442. ΙΕΡΑΠΟΛΙΤΩΝ. Tête jeune de Bacchus ceinte de lierre.

R. Pluton, dans un quadrige, enlevant Proserpine. AE. 7.

PHOENICIE, BYBLUS.

443. ΑΥΤ. ΚΑΙ. ΜΑΚΡΙΝΟC. CEB. Tête laurée de macrin, avec une cuirasse.

R. ΙΕΡΑC. ΒΥΒΛΟΥ. Deux temples: l'un à gauche, vu de profil; l'autre de face, avec enceinte carrée. AE. 8.

ROI DE PERSE.

444. ARTAXERCES I. Caractères sassanides. Tête d'Artaxerce I, avec une longue barbe, et une tiare ornée d'une étoile.

R. Autel du feu entre deux vases; autour des caractères sassanides. AE. 7.

REINE D'ÉGYPTE.

445. CLEOPATRA. Tête diadémée de Cléopâtre.

R. ΚΛΕΟΠΑΤΡΑΣ. Aigle tourné à gauche; devant, corne d'abondance. AE. 5.

ROIS DE LA BACTRIANE ET DE L'INDE.

446. AGATHOCLES. ΒΑΣΙΛΕΩΣ. ΑΓΑΘΟΚΛΕΟΥΣ. Panthère.

R. Femme marchant, à gauche, tenant une fleur; médaille carrée. AE. 6.

447. EUCRATIDES. ΒΑΣΙΛΕΩΣ. ΜΕΓΑΛΟΥ. ΕΥΚΡΑΤΙΔ... Tête casquée d'Eucratides.

R. Légendes en caractères bactriens; les Dioscures à cheval; médaille carrée. AE. 6.

448. MENANDER. ΒΑΣΙΛΕΩΣ...... Tête d'éléphant.

R. Légende bactrienne; massue; médaille carrée. AE. 3.

449. APOLLODOTVS. ΒΑΣΙΛΕΩΣ. ΑΠΟΛΛΟΔΟΤΟΥ. ΣΩΤΗΡΟΣ. Apollon nu, debout; médaille carrée. AE. 6.

450. HERMAEUS. ΒΑΣΙΛΕΩΣ. ΣΩΤΗΡΟΣ. ΕΡΜΑΙΟΥ. Tête diadémée d'Hermaeus.

R. Légende bactrienne; Jupiter assis. AE. 6.

451. LYSIAS (ΒΑΣΙΛΕΩΣ. ΑΝΙΚΗΤΟΥ) ΛΥΣΙΟΥ. Tête de femme, à droite.

R. Éléphant; médaille carrée. AE. 4.

452. ANTIALCIDES. ΒΑΣΙΛΕΩΣ. ΝΙΚΗΦΟΡΟΥ. ΑΝΤΙΑΛΚΙΔΟΥ. Buste d'Antialcides, la tête nue et barbue, tenant un foudre sur l'épaule droite, et un bouclier devant lui.

R. Légende bactrienne; les bonnets des Dioscures et deux palmes; médaille carrée. AE. 4.

453. Même légende. Tete nue d'Antialcides.

R. Même type; médaille carrée. AE. 4.

MOKADPHISES.

454. BACIΛEΥC. BACIΛEΩN..... KOOH. MOKAΔΦICHC.
Mokadphisès debout, la tête coiffée d'une tiare.
R. Légende bactrienne ; figure debout, vue de face,
appuyée sur le bœuf bossu, *Nandi*. ÆE. 8.

455. KANERKES. BAΣIΛEΥΣ. BAΣIΛEΩN. KANHPKOΥ.
Kanerkes barbu, debout, avec une tiare terminée
en cône.
R. HΛIOC. Le Soleil debout. AE. 5.

INCERTAINE.

456. Buste, la tête casquée, tenant dans la main droite une
flèche.
R. BACIΛEΥC..... CΩTHP. MEΓAC. Le roi à cheval, la main droite levée. AE. 6.

CAMÉES ANTIQUES.

457. Cornaline à trois couches. Temple dans lequel est placée une statue de *Vénus*. Deux femmes montent les
degrés pour porter leurs offrandes à la déesse. Ce
camée a été publié dans le *Recueil d'antiquités*, du
comte de Caylus, tome II, pl. XLVI, 5.

458. Sardoine à deux couches. Laboureur conduisant une
charrue attelée de deux bœufs. Au dessous les
lettres.... ΠIOAΓAΘH.

459. Sardoine à deux couches. *Hector* qui met le feu aux
retranchements des Grecs. Le héros a la tête nue ;
il se couvre de son bouclier. A ses pieds, un combattant mort ; sur les retranchements on aperçoit
deux Grecs.

460. Sardoine à trois couches. Masque scénique couronné
de pampres.

461. Calcédoine blanche opaque. Superbe fragment d'un

style grec très élevé, représentant un buste de femme qui tient dans les plis de son péplus des fruits, peut-être la nymphe *Carpo*.

462. Sardoine à deux couches. *Vénus* ou *Thétis* montée sur deux Hippocampes; dans les flots, un *Amour* qui nage. Camée du plus beau travail.

463. Onyx à trois couches. *Victoire* dans un quadrige à gauche. Dans l'intérieur de la couronne que tient la Victoire, on lit le mot NEIKAC.

464. Sardoine à trois couches. Buste d'une reine d'Égypte de la race des Lagides; les traits semblent offrir le portrait de Bérénice, femme de Ptolémée Soter.

465. Sardoine à trois couches non gravée, de 12 millimètres de long sur 10 de large.

466. Autre sardoine à trois couches montée en bague.

CAMÉES MODERNES.

467. Sardoine à deux couches. Tête de *Socrate* : travail du seizième siècle.

468. Sardoine à deux couches. Sujet *spintrien*.

469. Sardoine à deux couches. *Silène* portant *Bacchus* enfant. Gravure de *Pichler* l'ancien, qui a mis son nom à côté du sujet en caractères grecs : ΠΙΧΛΕΡ.

470. Sardoine à deux couches. *Bacchante* qui danse et porte le tympanum.

INTAILLES ANTIQUES.

471. Scarabée de jaspe vert. L'*Hercule égyptien*, sous la forme de *Gigon*, la tête ornée de plumes, portant sur ses épaules un lion, et tenant de la main gauche un sanglier par la queue. Travail égyptien de l'époque grecque.

472. Scarabée de cornaline. *Éphèbe* qui vient de se frotter d'huile, et qui met du sable sur son corps. Travail étrusque. Ce scarabée a été cassé en deux.

473. Scarabée de cornaline. Deux éphèbes, l'un armé d'un arc, l'autre d'un javelot, regardent à terre un objet qui semble être un serpent sortant de terre. Dans le champ, le mot étrusque TALMEOI. Travail étrusque de la plus grande beauté. *Catalogue Durand,* n. 2198.

474. Sardoine fragmentée. Tête de héros jeune à gauche.

475. Sardoine. Tête de guerrier casqué à gauche.

476. Cornaline. Tête d'*Agrippa* à gauche.

477. Cornaline. Tête de *Galba* à gauche.

478. Nicolo. Tête de face de *Commode*, coiffée de la dépouille du lion.

479. Cornaline fragmentée. Deux personnages accroupis, peut-être *Bacchus* et *Ariadne* dans l'île de Naxos.

480. Plasma. *Lycurgue* qui détruit à coups de hache les vignes plantées par Bacchus, en Thrace.

481. Nicolo. Deux éphèbes qui jouent; l'un semble sauter par dessus l'autre. Gravure très fine.

482. Sardoine blonde. Guerrier tenant son cheval par la bride.

483. Cornaline. *Modius,* ou boisseau rempli d'épis de blé.

484. Cornaline. Char attelé d'un éléphant, sur lequel est monté un *Amour* qui joue de la trompette et porte une espèce de cartouche, suspendu à un bâton, et dans lequel sont tracées les initiales S. L. Sur la caisse du char est posé un aigle.

485. Cornaline. Aigle, les ailes éployées, tenant dans ses serres un serpent.

486. Cornaline. Deux porcs.

487. Nicolo. Une ampoule, un petit couteau et un rhyton.

INTAILLES MODERNES.

488. Rubis d'Orient. *Amour* portant la massue, la peau du lion et un carquois.

489. Cornaline. *Hercule* enchaînant *Cerbère*.

490. Cornaline. *Vénus* assise, tenant un arc et jouant avec l'Amour : gravure de Santarelli. SANTARELLI F.

491. Agate figurée, représentant un papillon.

PATES ANTIQUES.

492. Tête de *Vespasien*, laurée, à droite.

493. *Vénus*, trois *Amours* et *Silène*, dans une monture antique de bronze, qui est renfermée elle-même dans une boîte moderne, en cuivre doré.

Cette belle pâte antique est la reproduction d'un superbe camée conservé au cabinet des médailles.

VASES PEINTS, FIGURES ROUGES.

494. *Stamnus. Bacchus* entre deux *Ménades.* Le dieu détourne la tête à gauche, et tient de la main droite le canthare, et de la gauche le thyrse. Dans le champ, le mot ΚΑΛΟΣ.

R. Trois *Ménades.*

Sous le pied, on lit : Δ ΚΥΑΘΕΑ.

Catalogue Beugnot, n. 22.

495. *Cylix.* Intérieur. Homme couché sur une cliné et tenant une *cylix.* Au pied de la cliné un éphèbe nu qui tient deux flûtes ; dans le champ un panier.

Extérieur. Scènes de repas.

Les peintures de cette *cylix* sont de la plus grande

finesse d'exécution. Le dessin rappelle tout-à-fait le style des vases de Nola, quoique cette coupe ait été découverte à Vulci.

496. Petit plat. Vainqueur de la Palestre, les bras chargés de bandelettes et le corps entouré de branches de myrte. Autre éphèbe, armé d'une baguette, et qui semble en menacer son compagnon.

ΕΠΙΚΤΕΤΟΣ ΕΓΡΑΣΦΕΝ (*sic*). *Épictète a peint*. *Catalogue étrusque de Canino*, n. 174.

497. Vase à parfums. Un âne ithyphallique vient de mettre en pièces son bât; il est poursuivi par l'ânier qui, en le frappant, a brisé son bâton.

498. Petit rhyton, en forme de tête de bélier, trouvé à Agrigente.

499. Tête de *Vénus* formant vase. Sur le col on voit une colombe et une sphera. *Catalogue Durand*, n. 1255.

500. *Amphore*. Femme qui arrose quatre *phallus* qui sortent de terre.

R. Éphèbe qui surprend la jeune femme. *Catalogue Durand*, n. 664.

501. *Amphore de Nola*. *Vénus* assise, et tenant sur ses genoux une pyxis; *Pitho*, debout, présente à la déesse un vase et un miroir.

R. Un vieillard, peut-être *Thamyris*, qui tient une lyre; un éphèbe drapé, qui présente un fruit ou un autre objet au vieillard.

502. *Hydrie*. *Ulysse* chez les Phéaciens. Le roi *Alcinoüs* est assis à une des extrémités. On voit *Nausicaa* et ses compagnes qui s'enfuient à l'aspect d'Ulysse. Sous le pied : VV.

Annales de l'Institut archéologique, tom. 1, p. 276; *Mon. inéd.*, t. 1, pl. 6.

503. *Cratère*. Thésée et la fille de Sinis.

R. *Sinis* drapé, appuyé sur un bâton.

504. *Amphore de Nola.* Combat de *Cénée* contre deux cen-
taures. Millin, *Mon. inéd.*, tom. II, pl. XXXVI.

505. *Aryballos.* Figures à relief, peintes de diverses cou-
leurs. *Andromaque* assise sur le tombeau d'Hector,
entre *Hécube* et la nourrice, qui porte dans ses
bras le jeune *Artyanax.* Raoul Rochette, *Mon.
inéd.*, pl. XLIX, 3. *Catalogue Durand*, n. 1379.

506. *Aryballos. Sapho* assise et jouant de la lyre triangu-
laire. Peintures blanches et rouges superposées.

TERRES CUITES.

507. Lampe. Forme de casque.
508. Lampe. *Victoire.*
509. Lampe. Deux gladiateurs.
510. Lampe. Buste de guerrier.
511. Lampe. Griffon tenant sous sa patte une tête de
cheval.
512. Figurine représentant une *Muse*, les bras enveloppés.
Il y reste plusieurs traces de couleur.

BRONZES.

513. Battant et poignée de porte. Sur le battant est figurée
une tête de *Bacchante*, en haut relief. Ce bronze
vient de Pompéi.
514. Fibule en forme d'aigle.

MARBRES.

515. Deux petits torses. Homme et femme.
516. Une main.
517. Pied détaché d'une des métopes du Parthénon.

518. Grand bas-relief de marbre grec. L'apothéose d'Homère. On y voit le poète assis ; une femme, l'*Éternité* ou la *Poésie* personnifiée ; un prêtre qui, accompagné de ses ministres, amène un taureau à l'autel ; enfin une foule d'assistants qui prennent part au sacrifice offert à Homère déifié. Ce beau morceau de sculpture, qui provient d'une collection particulière de Venise, a été publié par M. Raoul Rochette, *Mon. inéd.*, pl. LXX, et p. 420.

519. Petit *phallus* en or, suspendu à une chaînette.

OBJETS DIVERS.

520. Porphyre noir antique. — Urne d'un travail remarquable et de la plus belle qualité de matière.

521. Grenat syrien.—Petite coupe ovale ; travail du seizième siècle.

522. Email grisaille de Limoges. — Plaque carrée sur laquelle est représenté un sujet tiré de l'histoire de Psyché. Cette belle pièce mérite de fixer l'attention, autant par la beauté du dessin que par la pureté de l'émail.

523. Vitrail suisse colorié, représentant des armoiries.

524. Petite figurine en porcelaine de Saxe.

525. Mosaïque de Rome, de la plus grande finesse, représentant le pape Pie VII, par V. Verdejo.

526. Beau bas-relief en bois, par Demontreuil, représentant un oiseau défendant ses petits contre un écureuil.

527. Plaque de paix en argent niellé : la Vierge sur un trône entourée de saints et d'anges.

CABINET DE M. N. REVIL.

Deuxième Partie.

TABLEAUX, DESSINS, ESTAMPES

ET LIVRES SUR LES ARTS,

Un ordre de vacation de cette deuxième partie sera délivré ultérieurement.

TABLEAUX.

HOBBEMA (MINDERHOUT).

Né à Anvers, vivait en 1662. On le croit élève de Ruisdaël ; il était amateur et passait sa vie dans les châteaux hollandais dont il a peint plusieurs, qui ont été gravés en 1696, par Harrewing, élève de Romyn de Hooghe. Les tableaux d'Hobbema sont rares et se paient fort cher *.

1 — Vue de l'intérieur d'un bois. Vers la gauche un beau massif d'arbres, derrière lequel part la lu-

---

* Un tableau de ce maître a été payé à la vente de la galerie de l'Élysée, au prix de 22,100 fr.

A la vente du cabinet de M. le comte Perregaux , un autre fut payé 23,000 fr.

A Londres, au mois de mai de l'année dernière, à la vente de M. *Jérémiach Harman*, M. Rothschild, de Francfort, a acquis, au prix de 1,850 livres sterling, un tableau d'Hobbema, signé et daté de 1662.

mière qui éclaire d'une manière brillante la droite du tableau, et en avant duquel est un chemin conduisant à un fourré où se repose un paysan assis, causant avec un autre debout devant lui. A droite, une mare où plongent des roseaux et où se reflètent des arbres qui bordent un sentier que l'on aperçoit au-delà, se dirigeant vers la droite, où marche un paysan ; un autre sentier se dirige vers le fond du bois à gauche, et au bord duquel sont un homme et une femme ; entre ces deux sentiers et deux massifs d'arbres, s'aperçoit une chaumière sur la porte de laquelle est une femme ; au bas vers la gauche on lit *M. Hobbema.*

Ce tableau de la plus belle qualité, riche de détail, d'une couleur vraie, brillante et tout à la fois harmonieuse, est d'une parfaite conservation ; c'est un des plus beaux échantillons de ce maître.

H., 59 c., l., 83 c. Peint sur bois.

PARMESAN (FRANCESCO MAZZUOLI OU MAZZOLA, dit le).

Né à Parme en 1503, mort à Casalmaggiore en 1540.

— 2 — L'Annonciation à la Vierge qui est à genoux devant un prie-Dieu à droite ; derrière elle, l'ange lui montre le Saint-Esprit ; à droite, une draperie verte est relevée au dessus de la tête de la Vierge. Ce tableau provient de la galerie Aguado, où il était attribué à Raphaël.

H. 27 c., l. 16 c.

MURILLO (BARTHOLOMÉ ESTEBAN).

Né à Séville en 1618, mort dans la même ville en 1682.

— 3 — Jacob luttant avec l'ange. Ces deux figures qui occupent le milieu d'un paysage, sont éclairées par l'effet de la lune dont le croissant se reflète dans une mare placée à la droite de la composition. Ce tableau, qui provient de la galerie Aguado, a été gravé dans la collection publiée par M. Gavard.

H. 48 c., l. 65 c. Tableau sur toile.

POUSSIN (NICOLAS).

Né aux Andelys, en Normandie, en 1594, mort à Rome en 1665.

4 — Fleuve et Naïades. Au milieu de la composition, un vieillard couché, appuyé sur une urne, près de laquelle sont deux enfants, semble indiquer le Tibre ; près d'eux, à droite, une vache ; à gauche, deux Naïades, dont une debout, et l'autre accroupie, tord l'eau de ses cheveux. Cette savante esquisse, sur toile rouge, est attribuée à Poussin.

H. 21 c., l. 25 c.

DEMARNE (JEAN-LOUIS).

Né à Bruxelles en 1744, mort à Paris en 1829.

5 — Le Retour du marché. Près d'une ferme ombragée par de beaux arbres sont arrêtées plusieurs charrettes occupées par des paysans revenant du marché ; dans l'une d'elles, une vieille femme tend les bras à un enfant que lui présente une jeune femme debout en avant ; à gauche, plusieurs voyageurs, avec leurs chevaux, sont arrêtés à la ferme ; du même côté, une servante tire de l'eau à un puits, en avant duquel se voient plusieurs vaches et moutons. Ce tableau, riche de détail, est du meilleur temps du maître ; il a été exposé à la Société des Amis des arts, en 1821.

H. 50 c., l. 62 c.

MALLET (M. JEAN-BAPTISTE).

Né à Grasse (Var) en 1759.

6 — Intérieur de famille. Une mère, élevant son enfant dans ses bras, lui fait remarquer un oiseau qui est perché sur la main de son père, qui est assis à gauche; à droite, une table sur laquelle est posé un riche tapis; dans le fond, une servante occupée à faire un lit. Divers accessoires complètent ce gracieux petit tableau.

H. 25 c., l. 22 c., sur bois.

WILKIE (DAVID), peintre anglais.

7 — Le Jour des rentes. Première pensée, esquisse du tableau de Wilkie, en la possession du comte de Mulgrave, et connue par la gravure de Raimback; on lit au bas, à gauche, D. W., 1807. Cette rare esquisse fut vendue, en 1831, à la vente du comte de Mulgrave, au prix de 60 guinées.

ROQUEPLAN (M. CAMILLE-JOSEPH-ÉTIENNE).

Né à Mallemort (Bouches-du-Rhône) en 1803.

8 — Paysage composé. Dans le fond, les ruines d'un château-fort du quatorzième siècle; au fond d'un ravin qui occupe le premier plan, deux bergères et leurs troupeaux.

H. 24 c., l. 18 c., sur bois.

DESSINS.

ANDRÉ DEL SARTE (ANDREA VANNUCHI dit).

Né à Florence en 1488, mort en 1530.

— 9 — Les Pélerins. Celui placé à gauche, la tête ceinte d'une auréole, semble montrer de la main droite le but de leur pélerinage. Dessin à la pierre d'Italie.

H. 32 c., l. 28 c. Collection Reynolds et Astley.

BERGEN (THIERRY VAN).

Né à Harlem vers 1640, élève d'Adrien *Van de Velde*.

— 10 — L'Abreuvoir. Près d'un bassin où une vache s'abreuve, est assis vers la gauche un berger, près duquel sont d'autres vaches et moutons. Dessin colorié.

H. 11 c., l. 16 c.

Repos d'animaux. Deux vaches, dont une couchée à droite, près de laquelle sont aussi couchés plusieurs moutons. Dessin colorié.

H. 11 c., l. 16 c.

BERGHEM ou BERCHEM (NICOLAS KLAAS dit).

Né à Harlem en 1624, mort dans la même ville en 1683.

11 — Le Gué. Un mulet, un âne et plusieurs moutons se dirigent, à droite, vers une rivière; à gauche, un pâtre assis près d'une vache; on lit dans le haut à droite, *Berghem, f. 1655*. Dessin à la plume, lavé au bistre; il a été gravé par Duplessis-Bertaux, dans le recueil du cabinet Poullain.

H. 14 c. 4 m., l. 19 c. 3 m.

12 — Le Muletier. Au premier plan, sur un chemin boisé par des rochers, un muletier conduit deux mulets, précédé de son chien, se dirigeant vers la droite ; dans le fond, un berger et son chien suivent le même chemin ; au bas, à gauche, on lit *Berghem*. Dessin au crayon noir ; il est gravé par J. Visscher.

H. 14 c. 4 m., l. 19 c.

13 — Études de moutons d'après nature. Dessin au crayon noir et à la sanguine.

H. 21 c., l. 40 c.

BOISSIEU (JEAN-JACQUES de).

Né à Lyon en 1736, mort dans la même ville en 1810.

14 — Le petit Courrier. Intérieur d'un bois, en avant duquel est, au premier plan, une mare, vers laquelle un paysan, monté sur un cheval, dirige deux vaches et un chien ; à gauche, un paysan assis à terre, donne d'une espèce de trompe ; près de lui deux enfants, dont un tient un nid d'oiseaux ; du même côté, sur une route, un courrier au galop ; à droite, dans un fourré du bois, deux braconniers. Précieux et capital dessin lavé à l'encre de Chine.

H. 29 c., l. 38 c.

CORRÈGE (ANTONIO-ALLEGRI dit le).

Né à Corregio, dans le Modenois, en 1494, mort en 1534.

15 — Tête de Vierge. Elle est vue de profil dirigé à droite et paraît lire dans un livre qu'elle tient à la main. Ce beau et rare pastel, traité d'une manière aussi savante que les deux du Musée, décorait le prie-Dieu de Ferdinand, fils de Philippe II, roi d'Espagne,

qui en a fait présent, en 1790, à l'infant de Parme, à l'occasion de ses noces. Il fut acquis par M. Revil, de M. Antonio Marsand, professeur à l'université de Padoue.

H. 29 c., l. 22 c.

— 16 — Étude d'homme nu. Il est assis le corps tourné vers la droite, dans l'attitude d'un martyr. Dessin à la sanguine des cabinets Crozat et Reynolds.

H. 42. c, l. 23 c.

CUYP (ALBERT).

Né à Dort en 1606.

17 — Étude de vache et taureau. L'une debout et l'autre couché, dirigés à droite. Dessin au crayon lavé à l'encre.

H. 8 c., l. 14 c.

DAVID (JACQUES-LOUIS).

Né à Paris en 1750, mort à Bruxelles en 1825.

18 — Trois figures nues. Études de poses pour le serment du Jeu de Paume. Dessin à la pierre d'Italie.

H. 30 c., l. 24 c.

19 — Étude académique. Croquis au crayon; on lit au bas : *Ne pas oublier que le peuple soit maigre et décharné et les suppôts de l'aristocratie bien nourris.*

H. 18 c., l. 10 c.

DOMINIQUIN (DOMINICO-ZAMPIERI dit le).

Né à Bologne en 1581, mort à Naples en 1641.

20 — La Sainte-Vierge intercédant dans le ciel pour les bienheureux saints et saintes martyrs. Dessin

capital lavé à l'encre et au bistre sur papier de couleur et rehaussé de blanc. Il est cintré du haut, et vient de la collection Paignon Dijonval.

H. 46 c., l. 30 c.

DOW (GÉRARD).

Né à Leyde en 1613, mort dans la même ville en 1680.

21 — La mère de Gérard Dow. Elle est assise, tournée vers la gauche et regardant de face, les deux mains appuyées sur elle ; elle est vêtue d'une camisole garnie de fourrure, le cou entouré d'une large fraise ; sur le fond on lit : *G. Dow, 1658*. Dessin capital au crayon noir ; la tête et les mains précieusement terminées à la sanguine ; il est de forme ovale avec bordure et coins teintés ; il vient de la collection de W. Baillie, qui l'a gravé en 1775 [*].

H. 20 c., l. 16 c.

DUJARDIN (KARLE).

Né à Amsterdam en 1635, mort à Venise en 1678.

22 — Deux cochons debout dirigés vers la gauche. Dessin au crayon noir.

H. 8 c. l. 13 c.

DU SART (CORNEILLE).

Né à Harlem en 1665, mort en 1704.

23 — Le Moine au cabaret. Il est assis, le coude

---

[*] Josi, dans sa notice sur G. Dow, qui se trouve dans la collection des dessins de *Ploos Van Amstell*, dit : On ne connaît que très peu de dessins de G. Dow, et leur grand mérite les fait payer fort cher... Le fameux portrait de la mère de l'artiste fut vendu près de 20 louis en 1754 à la vente de M. Tonneman, et à celle de M. Feitama en 1758, au prix de 30 louis, acquis par W. Baillie. Ce dessin ayant été rapporté à Amsterdam en 1785, il passa chez M. Neyman et chez M. Sluiter, à la vente duquel, en 1814, il s'éleva à 105 louis et fut acheté par M. Revil.

appuyé sur un tonneau ; il tient de la main droite un verre, et de l'autre sa pipe : sa figure est animée d'une expression bachique. Sur une image clouée sur des planches, on lit : *Corn. Du Sart*, 1689. Dessin finement colorié de bistre et d'encre de Chine.

Le Moine amoureux. Il est assis près d'une religieuse, avec laquelle il paraît vouloir prendre quelque liberté. Au bas, à droite, *Corn. Du Sart*, 1689. Dessin légèrement et finement colorié de bistre et d'encre de Chine.

H. 68 mil., l. 115 mil.

EECKOUT (Gerbrand van den).

Né à Amsterdam en 1621 ; il fut un des meilleurs élèves de Rembrandt, dont il suivit la manière ; il mourut en 1673.

24 — Les Bulles de savon. Un jeune homme vu de face, placé devant une table, tenant un vase de la main gauche, et de la droite un chalumeau qu'il porte à sa bouche pour faire des bulles de savon. Rare dessin au bistre, sans trait de plume.

H. 15 c. 7 m., l. 13 c. 7 m.

25 — La Visitation. La Vierge debout, vue de face, donnant la main à sainte Anne, pour lui aider à monter la marche qui conduit à la porte de sa maison, sur le haut de laquelle on lit l'année 1648 ; au coin du haut, à gauche, des geais perchés au pignon de la maison ; on aperçoit saint Joseph à l'une des croisées à droite. Dessin à la plume lavé au bistre.

H. 25 c., l. 24 c.

GELÉE, dit LE LORRAIN (Claude).

Né au château de Chamagne, en Lorraine, en 1600, mort à Rome en 1682.

26 — L'ancien port de Gênes. Vers la droite, au

premier plan, plusieurs matelots sont occupés à transporter des ballots ; du même côté, un riche temple ; un peu plus loin l'entrée d'un port ; à gauche, la mer et plusieurs navires et chaloupes. Cette composition est analogue à l'une des plus belles eaux-fortes du Claude (*le Soleil couchant*, n° 15, *du Catalogue Peintre-Graveur français*). Dessin à la plume, lavé à l'encre ; au coin du bas, à droite, les lettres C. L. Il est signé P. Mariette, 1667.

H. 16 c., l. 22 c.

GUERCHIN (GIOVANNI-FRANCESCO BARBIERI dit le).

Né à Cento en 1590, mort à Bologne en 1666.

27 — Saint Sixte, conduit au supplice, rencontre saint Laurent, qui lui témoigne le désir de mourir avec lui ; il lui répond : Dans trois jours vous serez réuni à moi. Dessin à la plume et au bistre. Collection Lagoy, qui a gravé ce dessin à l'eau-forte.

H. 19 c., l. 13 c.

28 — Tête de Prélat tournée à gauche, le regard de face. Étude pour une composition. Dessin vigoureusement traité à la plume et au bistre.

Forme ronde, diamètre 19 c.

29 — Composition de quatre figures. La première, placée au milieu, représente un guerrier venant de décocher une flèche ; à sa gauche, derrière lui, une femme couchée, en avant de laquelle un soldat est endormi sur un tambour, tandis qu'un autre veille, appuyé sur une lance. Dessin au bistre.

H. 27 c., l. 40 c.

GREUZE (JEAN-BAPTISTE).

Né à Tournus, en Bourgogne, en 1734, mort à Paris en 1807.

30 — Le Paralytique servi par ses enfants. Com-

position de huit figures. Au bas, à gauche, *Greuze*, 1760. Charmant dessin, légèrement coloré et rehaussé à la gouache, il est de la plus grande fraîcheur ; il diffère du tableau peint pour l'impératrice Catherine de Russie. Collection *Defriches d'Orléans*.

H. 29 c., l. 33 c.

HOOGSTRAETEN (SAMUEL VÁN).

Né à Dordrecht en 1627, où il mourut en 1678.

31 — L'Incrédulité de saint Thomas. Jésus prend la main de Thomas et lui montre sa plaie ; les huit disciples qui l'entourent témoignent leur étonnement et leur douleur ; à droite, sur le bord d'une estrade, on lit *S. Van Hoogstraeten fec.*

H. 20 c. 5 m., l. 25 c. 8 m.

LÉONARD DE VINCI (LIONARDO DA VINCI).

Né dans le château de Vinci, près de Florence, en 1452, mort à Amboise en 1519.

32 — Études de figures, dont les deux principales sont une tête de vieillard et une tête de jeune homme ; plusieurs autres têtes complètent ce rare croquis à la plume et au bistre. Il vient des collections *Mariette* et *Barny*.

H. 12 c. 5 m., l. 15 c.

33 — Un Supplicié. Croquis à la plume ; dans le haut, onze lignes d'écriture italienne écrite à rebours. Dessin à la plume et au bistre.

H. 19 c., l. 7 c. 5 m.

LIGOZZI (JACOPO).

Né à Véronne en 1543, mort en 1627.

34 — Le Dante et Virgile, près du tribunal de Minos, qui décide du sort des âmes condamnées pour

les péchés charnels, et que l'on voit précipitées dans l'abîme par un tourbillon; de ce nombre Françoise, duchesse de Rimini et son amant. Sujet tiré du V⁰ chant de l'*Enfer* du Dante. Curieux dessin à la plume, lavé au bistre et rehaussé d'or.

H. 21 c., l. 28.

MIÉRIS (FRANÇOIS VAN).

Né à Delf en 1635, mort à Leyde en 1681.

35 — L'Espiéglerie. Une jeune femme est endormie, la tête posée sur son bras, appuyée sur une table où est une bouteille, un verre renversé et une lumière qui éclaire tout le sujet; un paysan, placé derrière elle, tire la langue et rit de l'espiéglerie qu'il va faire, en posant un vase nocturne sur la tête de cette femme; dans le fond, une porte ouverte, sur laquelle est perché un hibou; au dessus de l'entrée on lit A⁰ 1664 *F. Van Miéris*. Dessin capital très terminé, au crayon. Il vient des collections *Neyman*, en 1776, et *J. Devos*, en 1833. Il est gravé par Bary, avec cette inscription: *Wyn is en spotter* (*Le vin est un bouffon*).

H. 22 c., l. 18.

MICHEL ANGE (MICHEL-AGNOLO BUONAROTTI dit).

Né au château de *Chiusi*, sur le territoire *d'Arezzo*, en Toscane, en 1474, mort à Rome en 1564.

— 36 — Léda. Elle est à demi couchée, le bras gauche appuyé sur un coussin, et reçoit les caresses de Jupiter, sous la forme d'un cygne. Précieux et rare dessin au crayon; il provient des collections du duc de *Modène et Vicar*.

H. 28 c., l. 40 c.

NANTEUIL (ROBERT), peintre au pastel, dessinateur et graveur.

Né à Reims en 1630, mort à Paris en 1678.

37 — Portrait d'un Magistrat. Il est tourné vers la droite et regarde de face. Au bas de l'ovale on lit, à gauche, *Rob. Nanteuil*; à droite, *Faciebat 1652*. Dessin à la mine de plomb sur vélin.

H. 17 c., l. 12 c.

NETSCHER (GASPARD).

Né à Prague en 1636, mort à La Haye en 1684.

38 — La Mandoline. Une jeune femme, jouant de cet instrument, est assise tournée vers la gauche, regardant de face; elle est vêtue d'une pelisse en soie, garnie de duvet de cygne. On lit dans le fond, à gauche, *G. Nestcher, A° 1664*. Beau dessin au crayon lavé vigoureusement à l'encre; il vient du cabinet Tonneman, et est gravé dans le recueil de *Ploos Van Amstell*.

Forme ovale, h. 16 c., l. 13 c.

OSTADE (ADRIEN VAN).

Né à Lubeck en 1610, mort à Amsterdam en 1685.

39 — L'Estaminet hollandais. Quatre paysans, dont trois assis, le quatrième debout, bourrant sa pipe, causent ensemble; un cinquième allume sa pipe en prenant du feu à une cheminée placée à droite; en avant, du même côté, un enfant excite un chien à monter sur une chaise, où est placé un coussin; dans le fond, une vieille femme paraît à une porte.

On lit, au haut de la cheminée, Av. *Ostade, 1680.*
Dessin colorié ; il est de la plus grande fraîcheur.

H. 20 c., l. 18 c. 2 m.

541 — 40 — La Conversation. A la porte d'une chaumière hollandaise, une femme assise filant semble
parler à un paysan placé debout à droite, vu par le
dos, appuyé sur un bâton ; sur le terrain à gauche
V. O. Charmant et frais dessin à l'aquarelle, cintré
du haut.

H. 108 m., l. 87 m.

PERINO DEL VAGA (BONACCORSI dit).

Né à Florence vers 1500, mort à Rome en 1547.

72 — 41 — Jésus mis au tombeau, près de lui les saintes
femmes et Joseph d'Arimathie debout à droite. Dessin lavé au bistre et rehaussé de blanc.

H. 26 c., l. 21 c.

POTTER (PAUL).

Né à Enkuissen en 1625, mort à Amsterdam en 1654.

80 — 42 — Etude de vaches. A droite une couchée dont
on ne voit que la moitié du corps ; à gauche une
autre tête de vache vue de profil. Belle et rare étude
à la pierre d'Italie.

H. 16 c., l. 23 c.

POUSSIN (NICOLAS).

Né aux Andelys en 1594, mort en 1665 à Rome, où il a exécuté
presque tous ses ouvrages.

601 — 43 — L'Adoration des Mages. La Vierge assise à
gauche, l'enfant Jésus sur ses genoux, saint Joseph
debout auprès d'elle ; les trois Mages en adoration

devant le Sauveur; derrière eux six personnages de leur suite ; dans le fond, les ruines d'un temple. Superbe dessin à la plume, lavé au bistre; première pensée du tableau du Musée.

H. 22 c., l. 32 c.

PRUD'HON (PIERRE-PAUL).

Né à Cluny (Saône-et-Loire), le 6 avril 1760, mort à Paris, le 16 février 1823. Voyez la notice historique sur la vie et les ouvrages de Prud'hon, par Voiart, Paris, 1824.

— 44 — Innocence et Amour, tel est le titre sous lequel ce charmant dessin est gravé ; il représente, dans un beau et riche paysage, une jeune fille se défendant contre les caresses d'un jeune paysan. Ce groupe est dessiné avec toute la grâce qui distingue les ouvrages de Prud'hon. Un pot au lait renversé au pied d'un arbre semble aussi rappeler la fable de Perette et son pot au lait. Dessin très terminé au crayon noir sur papier bleu et rehaussé de blanc.

H. 33 c., l. 42 c.

RAPHAEL (RAFFAELO SANZIO).

Né à Urbin en 1483, mort à Rome en 1520.

— 45 — Tête de saint Etienne, martyr; elle est vue de face, penchée vers la droite. Dessin à la pierre d'Italie, rehaussé de blanc. Au verso de ce dessin, un délicieux croquis à la plume et au bistre, d'une sainte martyre, s'agenouillant les mains jointes, le regard suppliant tourné vers le ciel ; à côté, un léger croquis de tête d'homme. Ces deux dessins, sur la même feuille, portent la marque de Mariette, à celui du verso les lettres R. V. marque de la collection de

Thimothée Viti d'Urbin, ainsi que l'indique Mariette, par la note suivante qui se trouve sur la monture du dessin. *Raphaël, ex collectione olim. Timot. Viti Raph. discip. nunc P. J. Mariette.*

H. 16 c. 5 m., l. 11 c. 8 m.

46 — Tête d'ange, vue de face, le regard tourné vers le ciel. Étude pour un tableau; dessin au crayon rehaussé de blanc. Ce dessin qui a été agrandi porte, au bas à droite, les lettres R V que nous avons signalées dans le précédent dessin, provenant de la collection de *Thimothée Viti d'Urbin.*

H. 26 c., l. 19 c.

47 — Danse de quatre Amours. Ils se donnent mutuellement la main. Précieux croquis à la plume; étude qui rapelle la danse d'Amours gravée par Marc-Antoine. Collection *Mariette et Lagoy.*

REMBRANDT dit VAN RYN (PAUL).

Né dans un moulin, près Leyde, en 1606, mort à Amsterdam en 1674.

48 — Tobie recouvrant la vue. Le saint personnage est assis vers la gauche, ayant sa femme à sa droite, derrière lui son fils lui pose sur les yeux le fiel du poisson; à gauche, au second plan, l'ange qui préside à l'opération. Dessin au bistre avec quelques repentir à l'encre, selon l'usage de Rembrandt.

H. 15 c. 5 m., l. 19 c.

49 — Homme lisant. Il est vu en pied assis, tenant un livre dans lequel il lit avec attention. Dessin à la plume, lavé au bistre.

H. 13 c., l. 8 c., cintré du haut.

50 — Le saule au bord de l'eau. Au-delà, à droite,

un homme assis le dos tourné. Belle étude pleine
d'effet, à la plume et au bistre.

H. 22 c., l. 19 c.

51 — Le passage du bac. Il vient de quitter les
bords d'un village entouré d'arbres, qui, de même
que la rivière qui est en avant, occupe toute la lar-
geur du dessin. A la plume lavé au bistre, mêlé
d'encre.

H. 15 c., l. 21 c.

52 — Étude de lion. Il est couché, dirigé à gauche,
les pattes du devant étendues. Dessin vigoureusement
traité à la plume et au bistre.

H. 8 c. 5 m., l. 16 c.

53 — Un chien couché, endormi dans une niche
en planches ; il est attaché par une grosse chaîne qui
se voit à droite. Dessin vigoureusement lavé au bistre.

H. 16 c. 5 m., l. 14. c.

RUBENS (PIERRE-PAUL-RUBENS).

Né à Cologne en 1577, mort à Anvers en 1640.

54 — Chasse de Méleagre et d'Atalante. Ces deux
demi-dieux, dirigés vers la droite, poursuivent, armés
chacun d'une lance, le sanglier de Calidonie ; derrière
eux une nymphe tirant de l'arc et un satyre donnant
du cor. Ce dessin d'une grande énergie est lavé à
l'encre. C'est une étude pour le tableau qui est dans
la galerie de l'Ermitage à Saint-Pétersbourg.

H. 29 c., l. 45 c.

RUISDAEL (JACQUES).

Né à Harlem vers 1640, mort en 1681.

55 — Le chemin dans la forêt. A la gauche de ce

chemin, au premier plan, deux beaux et vieux chênes,
dont les rameaux s'étendent sur la plus grande partie
du dessin; à droite ce chemin est boisé par de jeunes
arbres et futaies. Dessin très capital au crayon et lavé
à l'encre de Chine; du cabinet de *M. de Claussin.*

H. 30 c. 4 m., l. 31 c.

56 — Deux grands chênes et un tronc d'arbre
renversé sur une berge, qui est à gauche, au bord
d'une rivière qui arrive du fond et passe sur le devant, à droite au milieu de roseaux. On lit sur le coin,
à gauche, *Ruysdaël;* précieux dessin à la plume, légèrement colorié, sur vélin. Ce dessin rappelle l'eau-
forte de Ruisdaël, gravée en 1649, et décrite par
Bartsch sous le titre des Trois Chênes.

H. 14 c. 5 m., l. 18 c. 8 m.

VELDE (ADRIEN VAN DEN).

Né à Amsterdam en 1639, mort en 1672.

57 — La charrette à foin. Charmant paysage où
s'aperçoit, vers la droite, une église de village au
travers d'un massif d'arbres qui occupe toute la lar-
geur du dessin, et en avant duquel est un champ de
blé et un pâturage où se voient, à gauche, deux
vaches; à droite, conduisant au village, un chemin
sur lequel est une charrette chargée de foin, accom-
pagnée de deux hommes dont l'un est assis sur le
brancard; l'autre à pied, un rateau sur l'épaule, est
suivi de son chien. Ce rare et précieux dessin est colorié. La marque du papier est celle dite à la Folie *.
Ce dessin provient de *M. de Claussin.*

H. 14 c., l. 25 c. 5 m.

---

* Cette marque est celle du papier hollandais, sur lequel sont généralement tirées les premières épreuves des eaux-fortes des artistes

58 — La Chèvre traite. Dans un paysage où se voit à droite les ruines d'un temple, un troupeau de vaches, de moutons et de chèvres occupe tout le premier plan; on remarque une femme qui trait une chèvre, et parle à un berger appuyé sur son bâton; au second plan, à gauche, la cabane du berger; au bas, à droite, on lit sur une pierre : *A. V. Velde*, 1659. Dessin lavé à l'encre de Chine.

H. 17 c., l. 27 c.

WOUWERMANS (PHILIPPE).

Né à Harlem en 1620, mort dans la même ville en 1668.

59 — La Sortie de l'Écurie. Deux chevaux rétifs, l'un blanc, l'autre bai, sont domptés par deux palefreniers qui cherchent à les séparer en les tirant chacun de leur côté par leur licou; trois autres paysans, dont un cherche à museler le cheval bai, tandis qu'un autre, à cheval, lui frappe sur la croupe; à droite, une femme et son enfant cherchent à se garantir, et, sur le devant, un jeune paysan, qui vient d'être renversé, cherche à se relever. Dessin très capital au crayon, vigoureusement touché de bistre. Il provient du cabinet Tonneman, de celui de J. Schmidt, et a été gravé dans ce dernier cabinet par Prestel, en 1779. Il est regardé comme le plus beau connu.

H. 20 c., l. 29 cent.

---

hollandais, tels que : Rembrandt, Ostade, Van de Velde, Waterloo, Dujardin et autres. Dans un ouvrage que je compte publier sous le titre de : *Guide de l'Amateur et du Marchand, pour former une collection choisie d'estampes*, je donnerai des facsimilés des principales marques des papiers italiens, français et hollandais.

ESTAMPES ANCIENNES ET MODERNES.

ARISTIDE (M. LOUIS).

Graveur au burin, élève de M. HENRIQUEL DUPONT.

60 — Napoléon, empereur, gravé en 1841, d'après le tableau de M. Paul Delaroche. P. en H.

Epreuve avant toutes lettres et avant le nom de l'artiste.

BERVIC (CHARLES-CLÉMENT), graveur au burin.

Né à Paris en 1756, mort dans la même ville en 1822, élève de G. WILLE.

61 — Laocoon, gravé d'après le groupe antique. P. en H., gravé pour le *Musée français*, publié par Robillard.

Epreuve avant la lettre. Le nom de Bervic tracé à la pointe.

62 — L'Enlèvement de Déjanire, d'après le tableau du Guide au Musée royal. P. en H.

Epreuve avant la lettre.

BOISSIEU (JEAN-JACQUES DE), dessinateur et graveur à l'eau-forte.

Né à Lyon en 1736, mort dans la même ville en 1810.

63 — Villageois conduisant une charrette attelée d'un cheval, sur un grand pont de trois arches en pierre. Dans la marge à gauche, *1799*; à droite, *J.-J. D. B.*, *1799*.

Ancienne et belle épreuve.

BOLSWERT (SCHELTE A), graveur au burin.

Né à Bolswert, en Frise, vers 1586, florissait dans le dix-septième siècle.

64 — Le Couronnement d'épines, d'après le ta-

bleau de Ant. Van Dyck, à la galerie royale de Berlin. P. en H.

Belle épreuve avant les contre-tailles au vêtement et à la jambe gauche du deuxième soldat debout à droite.

CARRACHE (AUGUSTIN), peintre, graveur à l'eau-forte.

Né à Bologne en 1557, mort à Parme en 1602.

65 — Portrait du Titien (B. 154), gravé en 1587, d'après le Titien. P. en H.

Première et rare épreuve avant l'inscription dans le haut de l'estampe.

DESNOYERS (M. AUGUSTE BOUCHER, baron), dessinateur et graveur au burin.

Né à Paris en 1779, élève de M. Alex. TARDIEU.

66 — La Vierge, l'enfant Jésus et saint Jean, sujet dit la *Belle Jardinière*, d'après le tableau de Raphaël, au Musée royal. P. en H.

Épreuve avant toutes lettres, seulement les noms d'auteurs.

67 — La Vierge au poisson. Tableau de Raphaël, peint, en 1513, pour l'église *San Domenico Maggiore* de Naples, et acquis par Philippe IV ; dessiné en 1815, et gravé par M. Desnoyers en 1822. Ce tableau à la galerie royale de Madrid. P. en H.

Épreuve avant la lettre ; le titre tracé.

68 — La Vierge au linge, d'après le tableau de Raphaël au Musée royal. P. en H.

Rare épreuve avant toutes lettres, seulement les noms d'auteurs.

69 — La Vierge aux rochers, d'après le tableau de Léonard de Vinci, au Musée royal. P. en H.

Rare épreuve avant toutes lettres et avant les noms d'auteurs.

DREVET fils (PIERRE-IMBERT), graveur au burin.

Né à Paris en 1697, mort dans la même ville en 1739.

70 — Jean-Bénigne Bossuet, évêque de Méaux. Gravé par Drevet à l'âge de vingt-six ans, d'après le tableau de H. Rigaud, au Musée royal. P. en H.

Très belle épreuve avant les points.

DURER (ALBERT), peintre et graveur au burin.

Né à Nuremberg en 1471, mort dans la même ville en 1528.

71 — Adam et Ève (B. n° 1). P. en H.

Très belle épreuve d'une pièce capitale du maître. La marque du papier représente une espèce de tête de bœuf. Cette marque est celle du papier du temps, et ne se trouve que sur les toutes premières épreuves*.

72 — Saint Jérôme dans sa cellule (60). P. en H. Gravé en 1514.

73 — Saint Hubert (57). P. en H. Cette estampe, dit *Bartsch*, l'une des plus finies et des plus rares de l'œuvre, en est aussi la plus grande.

Belle épreuve.

74 — Pandore ou la Fortune (77). P. en H.

Très belle épreuve.

DUVET (JEAN), dit le Maître à la Licorne, l'un des plus anciens graveurs français.

Né à Langres en 1485. Il fut orfèvre des rois François Ier et Henri II. Voyez *le Peintre-Graveur français*, 5e vol. **

75 — La première planche de l'Apocalypse (n° 27),

---

* JANSEN, dans son ouvrage (*Essais sur l'origine de la gravure en bois et en taille-douce, et sur la connaissance des estampes des quinzième et seizième siècles, suivis de recherches sur l'origine du papier*, Paris, 1808, 2 vol. in-8°), donne des *fac-simile* des marques des papiers allemands aux quinzième et seizième siècles.

** *Le Peintre-Graveur français*, par M. Robert Dumesnil, Paris, 1835 à 1843, 7 volumes parus de cet utile et intéressant ouvrage sur

où Duvet s'est représenté. Il a gravé cette planche en 1555, à l'âge de soixante-dix ans. P. en H.

Très belle épreuve.

DYCK (ANTOINE VAN), peintre et graveur à l'eau-forte.

Né à Anvers en 1599, mort à Londres en 1641.

76 — Christ au roseau. Sujet de demi-figures composé et gravé à l'eau-forte, par Van Dyck. P. en H.

Première épreuve avant les mots *aqua forti*.

76 bis. — Le Titien considérant sa maîtresse. Gravé à l'eau-forte d'après le Titien, par Ant. Van Dick. P. en H.

Première épreuve avant l'adresse d'*Antoine bon enfant*, et avant le nom du Titien.

EDELINCK (GÉRARD), graveur au burin.

Né à Anvers en 1639, mort à Paris, aux Gobelins, en 1707. Voyez le 7ᵉ volume du *Peintre-Graveur français*.

77 — Portrait de Philippe de Champagne (164). Gravé en 1676 d'après le tableau de ce maître, peint en 1668. Tableau du Musée royal. P. en H.

Superbe épreuve du premier état.

78 — La sainte Famille (4), d'après le tableau de Raphaël, au Musée royal.

Superbe épreuve avec toute sa marge ; elle est reliée dans le premier volume des tableaux du cabinet du roi, statues et bustes antiques des maisons royales, qui sera vendu dans son intégrité. Ce volume, exemplaire royal, est en maroquin rouge, filets, tranche dorée aux armes. Il contient les quatre-vingt-quatorze estampes suivantes, gravées de 1672 à 1682, premières épreuves, pour la plus grande partie, avant le nom de Goyton, imprimeur.; savoir :

l'histoire de nos peintres graveurs français ; il fait suite au *Peintre-Graveur* d'Adam Bartsch, et est rédigé avec le plus grand soin par un savant iconophile, qui depuis plus de quarante ans s'occupe d'estampes, et en a possédé une immense collection.

Par Rousselet.

Saint Michel, d'après Raphaël; Christ porté au tombeau, d'après le Titien; quatre des Travaux d'Hercule, d'après le Guide; Saint François, d'après le même; les Quatre Évangélistes, d'après Valentin; Moïse sauvé des eaux, Rébecca à la fontaine, d'après N. Poussin; David jouant de la harpe, d'après Dominiquin.

Par Étienne Picart, dit le Romain.

La Vertu héroïque et l'Homme sensuel, d'après le Corrége; le Silence, d'après An. Carrache; Sainte Famille, d'après Palme; Sainte Cécile, d'après le Dominiquin; le Concert, d'après le même; Séparation de saint Pierre et saint Paul, d'après Lanfranc; l'Idole de Dagon renversé, d'après N. Poussin.

Par Guillaume Chasteau.

Assomption de la Vierge, d'après An. Carrache; Saint Étienne, d'après le même; la Manne, les Aveugles de Jéricho, l'Enlèvement de saint Paul, Pyrrhus soustrait au Molosque, d'après N. Poussin.

Par Gérard Audran.

Énée sauvant son père Anchise, d'après Dominiquin.

Par Gérard Edelink.

Le Déluge, d'après Paul Véronèse.

Par Étienne Baudet.

Le Martyre de saint Étienne, d'après An. Carrache; le Denier de César, d'après Valentin; quarante Statues et Bustes, d'après les Antiques.

Par Scotin.

Sainte Famille, d'après Paul Véronèse.

Par Claude Mellan.

Statues et Bustes, d'après les Antiques; dix-neuf pièces.

Par Masson.

Les Pélerins d'Emmaüs, d'après le Titien; pièce dite *la Nappe.* Superbe épreuve du deuxième état, avant le trait échappé.

79 — Nathanaël Dilgerus, ministre de Dantzick, à

l'âge de soixante-quinze ans (185). Gravé en 1683.
P. en H.

FORSTER (M. François), graveur au burin.

Né à Locle, principauté de Neuchâtel, en 1790 ; élève
de M. P. G. Langlois.

80 — Les Trois Grâces. Gravé, en 1841, d'après
le tableau de Raphaël peint en 1508, en la possession
de lord Dudley. P. en H.

Épreuve avant toutes lettres, papier de Chine, n° 3, signée de
M. Forster.

GELÉE, dit LE LORRAIN (Claude), peintre et graveur à l'eau-forte.

Né à Chamagne, près de Charmes dans les Vosges, en 1600, mort à
Rome en 1682. Voyez *le Peintre-Graveur français*.

81 — L'Enlèvement d'Europe. P. en L. (22).

Très belle épreuve, premier état. Collection de M. *Robert Dumesnil.*

LEROUX (M. Jean-Marie), dessinateur et graveur au burin.

Né à Paris en 1788 ; élève de David pour le dessin.

82 — La Vierge et l'enfant Jésus, dite *la Vierge
du Musée de Parme*. Gravé, en 1837, d'après le tableau du Corrége. P. en H.

Épreuve avant la lettre, papier de Chine, le titre tracé.

LUCAS DE LEYDE, peintre et graveur au burin.

Né à Leyde en 1494, y est mort en 1533.

83 — Jésus-Christ présenté au peuple (71). P.
en L. Morceau capital gravé en 1510.

Très belle épreuve.

MARC-ANTOINE RAIMONDI, dessinateur et graveur au burin.

Né à Bologne vers la fin du quinzième siècle, mort, dans la même ville, vers 1546.

84 — Adam et Ève * (Bartsch n. 1). P. en H. Cette estampe, l'une des plus belles et, en même temps, l'une des plus rares de l'œuvre de Marc-Antoine, est gravée d'après Raphaël.

85 — Dieu ordonnant à Noé de bâtir l'arche. (3) P. en H. Belle et très rare estampe gravée d'après Raphaël.

Collection Denon.

86 — David coupant la tête à Goliath (10). P. en L. d'après Raphaël. Belle estampe.

Collection Denon.

87 — Le Massacre des Innocents (18). P. en L. Cette estampe, dite au *chicot*, est un véritable chef-d'œuvre de l'art de la gravure et une des plus belles que *Marc-Antoine* ait gravées. Elle est très rare.

Collection Denon.

88 — La Cène (26). P. en L, gravé par Marc-Antoine, d'après Raphaël. Cette estampe, une des plus parfaites et des plus rares de l'œuvre, est connue sous le nom de la *pièce des pieds*, parce qu'on voit les pieds de toutes les figures au dessous de la table.

Collection Denon.

89 — La Descente de croix (32). P. en H. D'après Raphaël. Très belle et très rare.

Collection Denon.

90 — La Vierge pleurant sur le corps mort de Jé-

---

* Cette estampe, et les vingt-quatre suivantes, sont premières épreuves avant les adresses des différents éditeurs; elles sont généralement bien conservées.

sus-Christ (34). P. en H., dite la *Vierge au bras nu*. Ce morceau rare est une des plus belles productions de Marc-Antoine : il l'a gravé d'après Raphaël.

91 — La même composition (35). P. en H. Cette planche est une répétition de la précédente; cependant *Marc-Antoine* y a fait plusieurs changements, dont les plus remarquables sont les suivants : le bras droit de la Vierge, nu dans la pièce précédente, est couvert dans celle-ci. Le paysage est différent et la tablette du graveur est dans le bas à droite.

92 — Ananie frappé de mort (42). P. en L. Bartsch dit : Ce sujet est un de ceux qui ont été exécutés en tapisserie sur les cartons de Raphaël, qui sont en Angleterre; il a été gravé par *Augustin Venitien*, qui, dans cette estampe, s'est le plus approché de *Marc-Antoine*; il semble même que ce dernier y a travaillé et qu'il a conduit l'ouvrage de son disciple. C'est peut-être par cette raison qu'Augustin n'y a pas mis sa marque.

93 — Saint Paul prêchant à Athènes (44). P. en H. Gravé par Marc-Antoine, d'après un carton peint par Raphaël, et exécuté en tapisserie.

Collection Mariette.

94 — Le martyre de saint Laurent (104). P. en L. Cette composition, riche de cinquante figures, est gravée par Marc-Antoine, d'après *Baccio Bandinelli*. Cette superbe estampe est la plus grande de l'œuvre.

Collection Denon.

95 — Sainte Cécile (116). P. en H. Gravée d'après un dessin qui, suivant *Heienke*, se trouvait en France, et qui diffère du tableau de l'église de Saint-Jean del Monte, à Bologne. Marc-Antoine ayant fait l'ombre

au dessous du menton de la sainte trop forte, et semblable à un collier noir, on désigne cette estampe ordinairement par le nom de *Sainte Cécile au collier.*

Collection Denon.

96 — Lucrèce se donnant la mort (192). P. en H.

Bartsch dit : Cette belle estampe a été gravée par Marc-Antoine, presqu'à son arrivée à Rome, d'après un dessin de Raphaël qui conçut dès lors une si bonne idée de lui, qu'il l'employa à graver ses autres ouvrages. On admire avec raison cette estampe-ci comme un chef-d'œuvre. Elle fait voir que Marc-Antoine a pris un soin infini à la graver, et qu'il y a mis tout ce qu'il savait faire pour captiver la bienveillance de Raphaël. Elle est extrêmement rare.

97 — Cléopâtre (199). P. en L. Gravée d'après un dessin de Raphaël. Elle est très rare.

Collection Denon.

98 — Le Satyre et l'Enfant (281). P. en H. D'après Raphaël.

Collection Denon.

99 — Le jeune et vieux Bacchant (294). P. en H. Belle estampe gravée d'après un dessin attribué également à Raphaël ou à Jules Romain.

100 — La Vendange (306). Gravé d'après Raphaël. P. en H. L'une des plus belles de l'œuvre de Marc-Antoine.

Collection W. Esdaille.

101 — Neptune apaisant la tempête qu'Éole avait excitée contre la flotte d'Énée (352). P. en H. Beau et grand morceau, connu sous le nom du *Quos ego.*

Collection Boule.

102 — Amadée (355). Gravé par Marc-Antoine, d'après Francia. P. en L.

Collection de M. Robert-Dumesnil.

103 — L'Homme qui se chausse (472). Figure tirée du carton de Pise, de Michel-Ange. P. en H.

104 — Les Grimpeurs (487). P. en H.

Cette estampe, dit *Bartsch*, connue sous le nom des *Grimpeurs de Marc-Antoine*, est une des plus considérables, comme elle est une des plus rares de son œuvre. Il l'a gravée, avec tout le soin dont il était capable, d'après un excellent dessin de Michel-Ange qui a fait partie de son fameux carton de la guerre de Pise. Le paysage du fond est une copie faite par Marc-Antoine d'après celui de l'estampe de Lucas de Leyde, qui représente le moine Sergius tué par Mahomet.

105 — La Cassolette (489). P. en H. Gravée par Marc-Antoine dans sa plus grande force, d'après un dessin de Raphaël fait pour François Ier, roi de France.
Collection Denon.

106 — Statue équestre de Marc-Aurèle (514). P. en H. Cette estampe a été gravée par Marc-Antoine peu de temps après son arrivée à Rome.

MASSON (ANTOINE), dessinateur et graveur au burin,
Né à Louvry, près d'Orléans, en 1636, mort à Paris en 1700. Voyez le
Peintre-Graveur français, vol. IIe.

107 — Gaspard Charrier, lieutenant criminel au présidial de Lyon. Gravé d'après Blanchet (16). P. en H.

Très rare épreuve du premier état avant la lettre et avant la bordure et les armes terminées.

— Le même portrait avec la lettre.

108 — Guillaume de Brisacier, secrétaire des commandements de la reine (15). Gravé d'après Mignard en 1664. P. en H.

Très belle et rare épreuve avant la lettre. Collection de M. *Robert Dumesnil.*

109 — Marin Cureau de la Chambre, médecin ordinaire du roi, gravé d'après Mignard, en 1665 (24). P. en H.

Premier état avant la contre-taille sur la joue droite.

110 — Henri de Lorraine, comte d'Harcourt (34).

P. en H. Gravé d'après Mignard, en 1667. Morceau connu sous le nom du *Cadet à la Perle*.

Très belle épreuve avant un n° 4 dans la marge à gauche, et avant le trait échappé au dessus de la tête du personnage.

111 — Les pélerins d'Emmaüs, d'après le Titien. Voyez Edelinck, n. 78, où cette estampe est jointe dans le volume du *Cabinet du roi* avec lequel elle sera vendue.

MECKEN (ISRAEL DE), orfèvre-graveur.

Florissait vers 1502, ce qu'indique la seule date qui se trouve à une de ces estampes qu'il marquait ordinairement des lettres I M ou I V M en caractères gothiques. Il était contemporain de MARTIN SCHONGAUER, dont il a copié plus de quarante estampes.

112 — Lucrèce se donnant la mort en présence de Collatin, son époux et des principaux de la ville de Rome, pour venger l'honneur qui lui a été ravi par Tarquin (B. 168).

Superbe épreuve.

MERCURY (M.), graveur à l'eau-forte et au burin.

113 — Moissonneurs dans les Marais - Pontins, d'après le tableau de Léopold Robert au Musée royal. P. en H.

Épreuve avant la lettre, papier de Chine.

MOOR (CARLE de), peintre.

Né à Leyde en 1656, mort à la Haye en 1736. Il a gravé à l'eau-forte.

114 — Portrait de Miéris, peintre. P. en H.

Épreuve avant la lettre. Ce portrait, qui est très rare, n'a pas été décrit par Bartsch*.

MORGHEN (RAPHAEL), graveur au burin.

Né à Naples vers 1760, mort à Florence en 1832; élève de Jean Valpato.

115 — La Cène. Gravée d'après la fresque de

---

* Non plus un portrait de Van Goyen, aussi gravé à l'eau-forte et portant le nom de *C. de Moor*, au haut, à gauche, et dans la marge, le nom de Van Goyen. On a aussi des épreuves de celui de Miéris portant son nom, mais le nom de C. de Moor ne s'y trouve pas.

Léonard de Vinci, au réfectoire des Dominicains, à Milan. P. en L.

Belle épreuve avant la lettre.

MORIN (JEAN), dessinateur et graveur à l'eau-forte.

Né à Paris au commencement du dix-septième siècle, mort dans la même ville en 1666. On le dit élève de Philippe de Champagne, d'après lequel il a beaucoup gravé. (Voy. *le Peintre-Graveur français*, 2ᵉ vol.)

116 — Vignerod, abbé de Richelieu (85).

Très belle épreuve du premier état, avant la lettre.

MULLER père (JEAN-GOTHARD VON).

Né à Berhaussen, dans le Wurtemberg, en 1747, mort en . . . .
Élève de Jean-George WILLE.

117 — La Vierge à la chaise. Gravée à Stuttgard sur le dessin de Dutertre, fait d'après le tableau à la galerie de Florence. P. et H. pour le Musée français, publié par Robillard.

Première épreuve d'artiste avant toutes lettres.

MULLER (FRÉDÉRIC), graveur au burin.

Né à Stuttgard en 1782, mort au château de Sonnenstein, près Pirna, en 1816. Élève de son père, J. G. VON MULLER.

118 — La Madone de Saint-Sixte. Gravée sur le dessin fait par madame Seidelman, d'après le tableau de la galerie royale de Dresde. P. en H.

Très rare épreuve avant toute lettre et avant l'auréole autour de la tête de la Vierge *.

119 — La même estampe avec la lettre.

Ancienne et belle épreuve.

---

* Il n'y a eu que cinq épreuves de cet état ; elles ont été imprimées à Dresde. Les épreuves avant la lettre, avec le titre : *Madona di San-Sisto*, en lettres tracées, ont été imprimées à Paris. On trouve quelques

120 — Saint-Jean l'Évangéliste. Gravé en 1808, d'après le Dominiquin. P. en H.

Belle épreuve de l'édition de 1808.

NANTEUIL (ROBERT).

Né à Reims en 1630, mort à Paris en 1678. Voyez *le Peintre-Graveur français*, IVe vol.

121 — Pomponne de Belièvre, premier président au parlement de Paris (37), d'après Lebrun. P. en H.

Très belle et très rare épreuve du premier état avant le crochet, dite ainsi avant le *guillemet.*

121 bis — Le même portrait, deuxième état avec le crochet.

122 — Jean-Baptiste Van Steeberghen, conseiller du roi au conseil de Flandre, dit *l'avocat de Hollande*, gravé en 1608, d'après Duchastel (226). P. eu H.

Belle et rare épreuve du premier état.

123 — François de La Mothe Le Vayer, con- seiller d'état, 1661 (143).

Très belle et rare épreuve du premier état, avant deux guillemets qui accompagnent l'année.

NIELLES, par des orfèvres florentins.

124 — La Vierge et l'enfant Jésus. Le dessin et le travail de ce Nielle sont également remarquable, dit M. Duchesne aîné, qui le décrit page **146**, n. **38**, de son Essai sur les Nielles.

Diamètre, 4 c.

125 — Sainte Vierge sur un trône, au côté du-

épreuves, sans aucune lettre, avec l'auréole à la tête de la Vierge ; mais elles ont été tirées lorsque le titre : *Madona di San-Sisto*, a été effacé pour faire les épreuves avec la lettre et avec les armes. Il y a aussi une remarque pour celles avec la lettre ; dans les premières, le mot *servo* à la dédicace a été omis ; il n'y a eu que douze épreuves tirées de cette manière, le tirage ayant été arrêté pour rétablir ce mot.

quel est à droite saint Jean, à gauche saint Paul, au bas un ange jouant d'un instrument. Nielle moderne imité de Maso Finiguera.

H. 7 c., l. 4 c.

PESNE (JEAN), dessinateur-graveur à l'eau-forte.

Né à Rouen en 1623, mort à Paris en 1700. Voyez *le Peintre-Graveur français*, IIIe vol.

126 — L'Evanouissement d'Esther, d'après le tableau de N. Poussin, actuellement dans la galerie de l'Ermitage à Saint-Pétersbourg *. P. en L. (14).

Très belle épreuve avant l'adresse de Vallet.

127 — Le Testament d'Eudamidas, d'après le tableau de N. Poussin. P. en L. (29).

Première et très rare épreuve du premier état, avant la troisième taille sur le haut de la hampe de la lance.

128 — Le Christ mort, étendu près du sépulcre, d'après N. Poussin (18). P. en L.

Très rare et belle épreuve d'un état antérieur au premier décrit dans le *Peintre-Graveur français*, c'est-à-dire avant le titre, dans le milieu de la marge, et avant les lettres J. P. sur la terrasse à gauche. Collection de M. *Robert Dumesnil*.

REMBRANDT, dit VAN RHYN (PAUL), peintre et graveur à l'eau-forte.

Né en 1606, dans un moulin situé entre les villages de *Leyerdop* et *Roukerk*, sur le bras du Rhin qui va à Leyde ; mort à Amsterdam en 1674.

129 — Rembrandt appuyé (B. 21). P. en H. Ce

---

* Cette galerie, aujourd'hui très importante, a été fondée par l'impératrice Catherine II, par l'acquisition des collections Valpole, Hope, comte de Brulh, et celles faites aux ventes Choiseul, Poulain, et autres cabinets célèbres, vendus à la fin du siècle dernier, augmentée depuis des tableaux de la Malmaison. Cette galerie a été gravée au trait avec une description, par Camille de Genève, et publiée en 1805 à 1809, à Saint-Pétersbourg, en six liv. in-4°, vendue à la vente Pixeréecourt, 155 fr.

portrait est un des plus beaux de tous les portraits de Rembrandt faits par lui-même. Il porte la date de 1639.

Superbe épreuve avec la marque du papier dit à la Folie.

130 — Le Sacrifice d'Abraham (35). P. en H. Gravé en 1655.

Très belle épreuve. Les bords de la planche sales et raboteux, et le coin à droite dans le haut n'est pas arrondi. Collection *Graves*.

131 — L'Annonce aux bergers (44). P. en H. Gravée en 1634.

Très belle épreuve d'une jolie pièce du maître.

132 — Le Pont de Six (208). P. en L. Morceau très rare, gravé en 1645.

133 — Paysage aux trois arbres (212). P. en L. Ce paysage, gravé en 1643, est un des plus beaux et des plus finis que Rembrandt ait faits.

Très belle et vigoureuse épreuve.

134 — L'Homme au lait (213). P. en L. Morceau rare.

135 — Paysage à la Tour-Carrée (218). P. en L. Gravé en 1650.

Collection de M. *Robert Dumesnil.*

136 — La Grange à foin (224). P. en L. Superbe épreuve sur papier du Japon.

137 — La Chaumière et la grange à foin (225). P. en L. Ce paysage, supérieurement gravé, est un des plus beaux que Rembrandt ait faits. Il est daté de 1641.

138 — Clément de Jonge, marchand d'estampes (272). P. en H. Gravé en 1651.

Belle épreuve du 1er état.

139 — Utemborgaerd, receveur des États de Hollande (28). Portrait gravé en 1639, et connu sous le nom du *Peseur d'or.* P. en H.

Ancienne et superbe épreuve avant que les écus qui sont dans le tonneau soient entièrement formés, et avant la prolongation des tailles près la jambe droite du jeune homme à gauche. Elle vient du cabinet de M. Claussin.

140 — Portrait de Coppenol, maître écrivain fameux, dit le *Grand Coppenol* (283). P. en H.

Très belle épreuve du 2me état, sur papier de Chine avec barbe de la planche.

141 — Portrait du bourgmestre Six, ami de Rembrandt (285). Morceau gravé en 1647.

Superbe épreuve du 2me état, avant le nom de Jean Six et avec le chiffre *6* et *4* à rebourg, d'une des plus rares estampes de Rembrandt. Elle est sur papier du Japon.

142 — Vieille femme assise (343). P. en H.

SCHONGAUER, dit SCHOEN (MARTIN).

Peintre et le plus ancien des graveurs allemands, dont le nom soit connu, mort à Colmar en 1499.

143 — La mort de la Vierge (33). P. en H.

Très belle épreuve d'un morceau capital du maître.

Saint Antoine tourmenté par des démons (47). P. en H. Cette estampe, dit *Bartsch*, est une des plus considérables et des plus rares de l'œuvre.

Très belle épreuve avant la prolongation des traits horizontaux jusqu'au bas du ciel.

STRANGE (ROBERT), graveur au burin.

Né aux îles Orcades en 1723, mort à Londres en 1795.

144 — Charles Ier, roi d'Angleterre, représenté en pied et en manteau royal. Dessiné et gravé en 1770, d'après le tableau d'Ant. Van Dyck. P. en H.

WIERIX (H...), graveur au burin.

145 — Le Mari trompé malgré la serrure. Une femme, assise sur le pied d'un lit, donne à un homme placé devant elle et coiffé d'un chapeau de cornard, une clef du cadenas qui ferme la ceinture qu'elle a autour du corps, tandis que, caché derrière les rideaux du lit, l'amant est vu tenant une bourse pour payer l'autre clef que lui montre une servante ; à gauche, un fou, à genoux, cherche à retenir des abeilles ; à droite, un chat guette une souris. Dans la marge du bas, trente vers allemands et le nom du graveur. P. en **L.** Morceau très rare.

VOLPATO (JEAN), dessinateur et graveur au burin.

Né à Bassano en 1738, mort à Rome en 1803.

146 — L'École d'Athènes, d'après la fresque peinte par Raphaël dans l'une des chambres du Vatican. Épreuve coloriée à la gouache avec beaucoup de soin, en imitation du coloris de la fresque. P. en L.

VORSTERMAN (LUCAS).

Né à Anvers en 1578 ; élève de P. P. Rubens.

147 — La Descente de croix. Gravé en **1620**, d'après le tableau de Rubens à la cathédrale d'Anvers. P. en **H.**

Très belle épreuve avant l'adresse de *Corneille Van Merlen*.

WATERLOO (ANTOINE), peintre et graveur à l'eau-forte.

Né vers 1618.

148 — Elie dans le désert (136). P. en H. Superbe épreuve tirée sur papier dont la marque est celle dite à *la Folie*.

WILLE (JEAN-GEORGES), dessinateur et graveur au burin.

Né à Kœnigsberg en 1715, mort à Paris en 1808.

149 — L'Instruction paternelle, morceau dit la *Robe de satin*. Gravé en **1765** d'après le tableau de Terburg, du cabinet de M. Péters ; tableau actuellement à la galerie de l'Ermitage, à Saint-Pétersbourg. P. en **H.**

Ancienne et très belle épreuve.

150 — Ménagère hollandaise. Gravé en 1757, d'après le tableau de G. Dow, du cabinet l'Empereur. P. en H.

Ancienne et belle épreuve.

151 — La Dévideuse. Gravé en 1755, d'après le tableau de Gérard Dow, du cabinet du comte de Vence. P. en H.

Ancienne et belle épreuve.

152 — Le petit Observateur distrait. Gravé en 1762, d'après le tableau de Schalken, du cabinet de M. Damery. P. en H.

Ancienne et belle épreuve.

WOOLLETT (WILLIAM), graveur au burin.

Né à Maidstone en 1735, mort à Londres en 1785.

153 — Vue intérieure d'une forêt, d'après le tableau de Gaspard Poussin : de la collection Huson. P. en L. dite *La petite Forêt.*

Très belle épreuve, avec la première adresse de *Marlin street.*

154 — Édifices romains en ruine. Gravé en 1772, d'après le tableau de Claude Le Lorrain ; de la collection Radnor. P. en L.

Très rare épreuve avant toutes lettres, et avec des essais de burin dans la marge.

LIVRES SUR LES ARTS.

Antiquités, médailles, vases grecs, catalogues de tableaux, dessins et estampes.

155 — Recherches sur les monuments et l'histoire des Normands et de la Souabe dans l'Italie méridionale, publiées par les soins du duc de Luyne, texte par Huillard-Breholes, dessins par Baltard, architecte. *Paris,* Panckoucke, 1844, in-fol., 35 pl., vél., cart.

156 — Essai sur l'explication d'une Tessère antique, portant deux dates, par M. Allier de Haute-Roche. *Paris*, Didot, 1820, in-4.

157 — Descriptions de quelques vases peints, étrusques, italiotes, siciliens et grecs, par H. duc de Luynes. *Paris*, Didot l'aîné, 1840, in-fol., vél., 45 pl.

158 — Description des objets d'art qui composent le cabinet de feu M. le chevalier Durand, par de Witte. *Paris*, Didot, 1836, in-8, avec le supplément contenant les prix et noms des acquéreurs.

159 — Description de médailles antiques grecques et romaines avec leur degré de rareté et leur estimation (par Mionnet). *Paris*, 1806 à 1813, 6 vol. et 1 vol. de planches. Supplément au même ouvrage. *Paris*, Debure, 1819 à 1837, 9 vol. in-8, en tout 15 vol. in-8, reliés en basane. Du prix et de la rareté des médailles, par le même. *Paris*, 1827, 2 vol. in-8 (manque le 1er).

160 — Choix de médailles grecques, par H. duc de Luynes, membre de l'Académie des inscriptions et belles-lettres. *Paris*, Didot, 1840, in-fol. vélin 17 pl.

161 — Recueil des médailles grecques inédites, par E. de Caldavène. *Paris*, Debure, 1828, in-4.

162 — Essai historique et critique sur les monnaies d'argent de la ligue achéenne, par Cousinery. *Paris*, Renouard, 1825, in-4.

163 — Description des médailles antiques du cabinet de M. Allier de Haute-Roche, par Dumersan. *Paris*, 1827, in-4.

164 — Musei Hedervari in Hungaria numos antiquos, graecos et latinos. Michael A. Wiczay. *Vindobonae*, 1814, 2 vol. in-4º, demi-rel. fig.

165 — Descrizione della medaglie ispane appartenanti alla Lusitania, alla Betica e alla Tarragonese, che si Conservano nel Museo Hedervariano, pèr Domenico Sestini. *Firenze*, 1818, in-4, broché.

166 — Descrizione delle medaglie antiche Greche del Museo Hedervariano, per D. Sestini. *Firenze*, 1829, 2e et 3e parties, en un vol., in-4, fig.

167 — Vingt-deux brochures, in-4 et in-8, sur les antiquités, vases grecs, médailles, sur diverses fouilles, etc., de 1826 à 1840, par MM. Raoul-Rochette, Mimaut, Champollion, etc. Cet article sera divisé.

168 — Catalogue raisonné des différents objets de curiosité, dans les sciences et arts, du cabinet de feu Mariette, par Basan. 1775, in-8, demi-r., avec les prix.

169 — Catalogue du cabinet de M. Neyman, dessins italiens, hollandais et français, par Basan. *Paris*, 1776, in-8, avec les prix.

170 — Catalogue raisonné de l'œuvre de feu Georges-Frédéric Schmidt, de Berlin, graveur. *Londres*, 1789, in-8, en tête le portrait de Schmidt.

171 — Catalogue raisonné de toutes les estampes qui forment l'œuvre de Rembrandt, et ceux de ses principaux imitateurs, par Adam Bartsch. *Vienne*, 1797, 2 vol. in-4. Exemplaire en grand papier de Hollande.

172 — Catalogue des tableaux, dessins, camées, de la galerie de Florence. *Florence*, 1804, in-8.

173 — Cabinet de M. Paignon-Dijonval ; état détaillé et raisonné des dessins et estampes dont il est composé, rédigé par M. Bénard père. *Paris*, 1810, in-4.

174 — Essai sur les nielles, gravures des orfèvres

florentins du quinzième siècle, par Duchesne aîné. *Paris*, Merlin, 1826, in-8, br.

175 — Descriptions des objets d'arts qui composent le cabinet de M. le baron V. Denon, antiquités, tableaux et estampes. *Paris*, 1826, 3 vol., in-8.

176 — Catalogue raisonné de toutes les estampes qui forment l'œuvre de Rembrandt, par M. le chevalier de Claussin. *Paris*, Didot, 1824; le supplément. *Paris*, Didot, 1828, 2 vol. in-8, br.

177 — Catalogue raisonné de la rare et précieuse collection d'estampes de M. F. Debois, rédigé par P. Defer. *Paris*, 1843, 1 vol. in-4 vélin (tiré à 50 exemplaires de ce format).

178 — Vingt-cinq catalogues de ventes de tableaux, dessins et estampes, de 1810 à 1830, dont ceux de Silvestre, 1810; Rigal, 1817; Logette, 1817; Rossi, 1822; Saint-Victor, Dufourny, Potoski, 1820; Durand, Raymond, baron Gros, Girodet, David, Robert Dumesnil, Pole Carew, Buckingham, et autres importantes collections. Cet article sera divisé.

Un cadre contenant les grands cordons de la Légion-d'Honneur et de la couronne de Fer avec les plaques de ces deux ordres, et une cocarde tricolore, ces insignes étant ceux portés par le *prince Eugène, vice-roi d'Italie;* il y est joint une lettre autographe de ce prince, adressée au prince Primat et datée de Munich.

1438   Imprimerie de Maulde et Renou, rue Bailleul, 9-11.

A. VAN OSTADE.	39	L'Estaminet hollandais.
—	40	La Conversation.
PAUL POTTER.	42	Etude de vache.
RUISDAEL.	55	Le Chemin dans la forêt.
—	56	Les Trois chênes.
PHILIPPE WOUWERMANS.	59	La Sortie de l'écurie.
RUBENS.	54	La Chasse d'Atalante.
BERGHEM.	11	Le Gué.
—	12	Le Muletier.
—	13	Etude de mouton.
CUYP.	17	Etude de vache et taureau.
MIERIS.	35	L'Espiéglerie.
NETSCHER	38	La Mandoline.
A. VAN DE VELDE. . . .	57	La Charrette à foin.
—	58	La Chèvre traite.
REMBRANDT.	58	Tobie.
—	49	Homme lisant.
—	50	Saule au bord de l'eau.
—	51	Passage du bac.
—	52	Etude de lion.
—	53	Un Chien couché.
VANDEN EECKOUT	24	Les Bulles de savon.
—	25	La Visitation.
PERIN DEL VAGE.	41	Jésus mis au tombeau.
ANDRE DEL SARTE. . . .	9	Les Pélerins.

*Les dix articles suivants seront vendus le vendredi 28, à
trois heures.*

TABLEAUX.

HOBÉMA	1	Vue de l'intérieur d'un bois.
PARMESAN	2	L'Annonciation.
MURILLO.	3	Jacob luttant avec l'ange.
N. POUSSIN.	4	Fleuve et naïades.
DEMARNE.	5	Le Retour du marché.
MALLET.	6	Intérieur de famille.
D. WILKIE.	7	Le Jour des rentes.
ROQUEPLAN.	8	Paysage composé.

Le cadre contenant les ordres portés par le Prince Eugène et une
lettre autographe de lui, datée de Munich.

Le samedi 29 février.

Les Livres sur les Arts, n. 178, 168 à 177.

ESTAMPES.

M. LEROUX	N° 82 La Vierge du musée de Parme. (Avant la lettre.)	35
J. MORIN	116 Vignerod, abbé de Richelieu. (Avant la lettre.)	30
STRANGE	144 Charles Ier.	69
WIERIX	145 Le Mari trompé.	33
WILLE	149 L'Instruction paternelle.	44
—	150 Ménagère hollandaise.	54
—	151 La Devideuse.	10.
—	152 Le Petit observateur distrait.	31
VOLPATO	146 L'École d'Athènes, coloriée.	170
WATERLOO	148 Élie dans le désert.	115
REMBRANDT	129 Portrait de Rembrandt appuyé.	200
—	130 Le Sacrifice d'Abraham.	79
—	131 L'Annonce aux bergers.	180
NIELLES	124 La Vierge et l'enfant Jésus.	100
—	125 La Vierge sur son trône.	22
PESNE	126 L'Évanouissement d'Esther.	170
—	127 Le Testament d'Eudamidas. 1er état.	261
—	128 Le Christ mort. 1er état non écrit.	70
MARC-ANTOINE	97 Cléopâtre.	225
—	98 Le Satyre et l'enfant.	87
—	99 Le Jeune et vieux bacchant.	280
—	100 La Vendange.	690
—	101 Le Quos ego.	280
—	102 Amadée.	400
—	103 L'Homme qui se chausse.	131
—	104 Les Grimpeurs.	450
—	105 La Cassolette.	125
—	106 Statue équestre.	425

106 bis Charrier avec — 36.50

MASSON	107 Charier. (Avant la lettre.)	241
—	108 Brisacier. (Avant la lettre.)	350
—	109 Marin Cureau. Ier état.	19.50
—	110 Comte d'Harcourt. Ier état.	96
MORGHEN	115 La Cène. (Avant la lettre.)	1370
MULLER	118 La Madone de Saint-Sixte. (Avant toute lettre.)	1750
—	119 La même estampe avant la lettre.	400
—	120 Saint-Jean, évangéliste.	160
REMBRANDT	132 Le Pont de Six.	220
—	133 Paysage aux trois arbres.	421
—	134 L'Homme au lait.	159
—	135 Paysage de la tour carrée.	126
—	136 La Grange à foin.	173
—	137 La Chaumière et la grange à foin.	352
—	138 Clément de Jonghe. Ier état.	190
—	139 Utemborgaerd.	650
—	140 Portait de Coppenol. 2e état.	129
—	141 Portrait du bourgmestre Six. 2e état, papier du Japon.	2700
—	142 Vieille femme assise. —	12
MARTIN SCHONGAUER	143 La mort de la Vierge. —	401
—	143 (bis) Saint Antoine.	381
MECKEN	112 Lucrèce se donnant la mort.	170
DURER	71 Adam et Ève.	599
—	72 Saint Jérôme.	90
—	73 Saint Hubert.	142
—	74 Pandore ou la Fortune.	260
LUCAS DE LEYDE	83 Jésus-Christ présenté au peuple.	451
JEAN DUVET	75 La première planche de l'Apocalypse.	60
MARC-ANTOINE	84 Adam et Ève.	455
—	85 Dieu ordonnant à Noé de construire l'Arche.	710
—	86 David coupe la tête de Goliath.	340
—	87 Le Massacre des innocents. 1re planche dite au Chicot.	410

MARC-ANTOINE	88 La Cène.	*700*
—	89 La Descente de croix.	*1601*
—	90 La Vierge pleurant sur le corps mort de Jésus, dite la Vierge aux bras nus.	*100*
—	91 La même composition. 2e planche.	*700*
—	92 Ananie frappé de mort, par Auguste Vénitien.	*151*
—	93 Saint Paul prêchant à Athènes.	*300*
—	94 Martyre de saint Laurent.	*310*
—	95 Sainte Cécile.	*750*
—	96 Lucrèce.	*1600*
EDELINCK	77 Philippe de Champagne.	*125*
—	78 Sainte Famille. Le vol du cabinet du roi.	*1000*
—	79 Dilgerus.	*51*
NANTEUIL	121 Pompone. 1er état.	*200*
—	121 (bis) Le même. 2e état.	*60*
—	122 Stenbergen. 1er état.	*150*
—	123 La Mothe Levayer.	*151*
MULLER PÈRE.	117 La Vierge à la chaise. (Avant toute lettre.)	*142*
M. DESNOYERS	66 La Vierge, belle jardinière. (Avant toute lettre.)	*475*
—	67 La Vierge au poisson. (Avant toute lettre.)	*149*
—	68 La Vierge au linge. (Avant toute lettre.)	*400*
—	69 La Vierge au rocher. (Avant toute lettre.)	*450*
VAN DYCK	76 Christ au roseau. 1er état.	*450*
—	76 (bis) Le Titien et sa maîtresse. 1er état.	
DREVET	70 Portrait de Bossuet. (Avant les points.)	*81*
AUG. CARRACHE.	65 Portrait du Titien. 1er état.	*210*
BOLSWERT.	64 Le Couronnement d'épine. (Avant les contre-tailles).	*299*
VORSTERMAN.	147 Descente de croix.	*160*
WOOLLETT.	153 La Petite forêt.	*115*